SUPERANDO O ACD DO LUTO

Editora Appris Ltda.
2.ª Edição - Copyright© 2024 do autor
Direitos de Edição Reservados à Editora Appris Ltda.

Nenhuma parte desta obra poderá ser utilizada indevidamente, sem estar de acordo com a Lei nº 9.610/98. Se incorreções forem encontradas, serão de exclusiva responsabilidade de seus organizadores. Foi realizado o Depósito Legal na Fundação Biblioteca Nacional, de acordo com as Leis nºs 10.994, de 14/12/2004, e 12.192, de 14/01/2010.

Catalogação na Fonte
Elaborado por: Dayanne Leal Souza
Bibliotecária CRB 9/2162

R375s
2024
	Reis, Jânio Carvalho dos
	    Superando o ACD do luto / Jânio Carvalho dos Reis. – 2. ed. – Curitiba: Appris, 2024.
	    98 p. : il. ; 21 cm.
	
	    Inclui referências.
	    ISBN 978-65-250-6131-3
	
	    1. Luto. 2. Dor. 3. Saudade. 4. Resiliência. 5. Superação.
	    I. Reis, Jânio Carvalho dos. II. Título.
	
	                                            CDD – 304.64

Livro de acordo com a normalização técnica da ABNT

Appris
editora

Editora e Livraria Appris Ltda.
Av. Manoel Ribas, 2265 – Mercês
Curitiba/PR – CEP: 80810-002
Tel. (41) 3156 - 4731
www.editoraappris.com.br

Printed in Brazil
Impresso no Brasil

Jânio Carvalho dos Reis

SUPERANDO O ACD DO LUTO

Appris editora

Curitiba - PR
2024

FICHA TÉCNICA

EDITORIAL	Augusto Coelho
	Sara C. de Andrade Coelho
COMITÊ EDITORIAL	Ana El Achkar (UNIVERSO/RJ)
	Andréa Barbosa Gouveia (UFPR)
	Conrado Moreira Mendes (PUC-MG)
	Eliete Correia dos Santos (UEPB)
	Fabiano Santos (UERJ/IESP)
	Francinete Fernandes de Sousa (UEPB)
	Francisco Carlos Duarte (PUCPR)
	Francisco de Assis (Fiam-Faam, SP, Brasil)
	Jacques de Lima Ferreira (UP)
	Juliana Reichert Assunção Tonelli (UEL)
	Maria Aparecida Barbosa (USP)
	Maria Helena Zamora (PUC-Rio)
	Maria Margarida de Andrade (Umack)
	Marilda Aparecida Behrens (PUCPR)
	Marli Caetano
	Roque Ismael da Costa Güllich (UFFS)
	Toni Reis (UFPR)
	Valdomiro de Oliveira (UFPR)
	Valério Brusamolin (IFPR)
SUPERVISOR DA PRODUÇÃO	Renata Cristina Lopes Miccelli
PRODUÇÃO EDITORIAL	Bruna Fernanda Martins e Giuliano Ferraz
REVISÃO	Pâmela Isabel Oliveira e Ana Amélia dos Reis Moraes
DIAGRAMAÇÃO	Andrezza Libel de Oliveira
CAPA	Anderson Sczuvetz da Silveira e Cesar Roberto
REVISÃO DE PROVA	Renata Cristina Lopes Miccelli

COMITÊ CIENTÍFICO DA COLEÇÃO CIÊNCIAS SOCIAIS

DIREÇÃO CIENTÍFICA	Fabiano Santos - UERJ/IESP
CONSULTORES	Alícia Ferreira Gonçalves – UFPB
	Artur Perrusi – UFPB
	Carlos Xavier de Azevedo Netto – UFPB
	Charles Pessanha – UFRJ
	Flávio Munhoz Sofiati – UFG
	Elisandro Pires Frigo – UFPR/Palotina
	Gabriel Augusto Miranda Setti – UnB
	Geni Rosa Duarte – UNIOESTE
	Helcimara de Souza Telles – UFMG
	Iraneide Soares da Silva – UFC, UFPI
	João Feres Junior – UERJ
	Jordão Horta Nunes – UFG
	José Henrique Artigas de Godoy – UFPB
	Josilene Pinheiro Mariz – UFCG
	Leticia Andrade – UEMS
	Luiz Gonzaga Teixeira – USP
	Marcelo Almeida Peloggio – UFC
	Maurício Novaes Souza – IF Sudeste MG
	Michelle Sato Frigo – UFPR/Palotina
	Revalino Freitas – UFG
	Rinaldo José Varussa – UNIOESTE
	Simone Wolff – UEL
	Vagner José Moreira – UNIOESTE

Com imensa gratidão, dedico este livro a todas as famílias enlutadas encontradas no IML/Cemitério, que, apesar da dor, partilharam comigo suas angústias e sofrimentos, em decorrência das perdas de pessoas com as quais possuíam um efetivo vínculo de amor.

A Domingos Almeida dos Reis (pai) e João Rivadávia Carvalho dos Reis (irmão)

(in memorian)

AGRADECIMENTOS

A Deus, pelo dom da vida.

Ao diretor do IML/Cemitério, Dr. João Roberto, e a todo o quadro de funcionários, pela acolhida fraterna, viabilizando-me a escuta das famílias enlutadas.

"*O luto é o preço que pagamos por amar, o preço do compromisso*".

(Murray Parkes)

APRESENTAÇÃO

Possivelmente nenhuma dor do ser humano possa ser comparada à dor da perda de um "ente querido". Sobretudo, se a este estiverem alicerçados vínculos profundos de apego e identificação. Desses vínculos emergem a dor do luto, que, sem sobra de dúvida, é diferenciada de todas as outras dores que assolam o ser humano.

A sensação de que "tudo acabou!", "a vida não tem mais sentido!", "o que eu vou fazer agora?" reflete um horizonte nublado, confuso e sem bússola das pessoas recém-enlutadas.

Diante de tal perplexidade, formulei uma pertinente indagação: como a causa da morte interfere no processo de elaboração do luto? Sem ter a pretensão de esgotar essa inquietação, a delimitação será feita a partir de quatro variantes que se sobressaíram na escuta das famílias enlutadas: morte por suicídio, por homicídio, oriunda de uma doença crônica ou de um ancião. É possível existir uma diversidade de fatores que contribuem sistematicamente, ora atenuando, ora agravando o processo de elaboração do luto. Enfim, a maneira como a morte acontece provocará na família ou, de maneira específica, em cada familiar uma forma de elaboração do luto.

Este livro é resultado do acompanhamento de famílias enlutadas nas portas do IML/Cemitério. Observamos em nossa sociedade uma espécie de receio em discutir a temática da morte e sabemos da dificuldade do enfretamento de situações que envolvem as perdas dolorosas, principalmente a morte súbita, violenta. A experiência aqui descrita visa compreender melhor os mecanismos angustiantes, desencadeados pela perda de alguém que amamos; analisar o quanto o problema da finitude humana constitui um grande gerador de angústia ao ser humano; descrever alguns processos e mecanismos de resistências vividos por uma pessoa enlutada; e pontuar alguns elementos que nortearão uma efetiva relação de ajuda às famílias enlutadas, dentro do postulado da Orientação Familiar;

Para tanto, usarei como eixos nucleares:

- Visão antropológica da morte: breves considerações;
- O luto normal e complicado: teoria e prática;
- O luto e suas manifestações;
- O luto e a Orientação Familiar;
- Metáforas: o poder terapêutico e restaurador na vida dos enlutados.

PREFÁCIO

Recebo do psicólogo Jânio Reis o honroso convite para prefaciar seu livro *Superando o ACD do Luto*, provavelmente pela minha condição de ter sido um dos pioneiros do trabalho que hoje prefiro denominar de "Biotanatologia" (substituindo o clássico nome de Tanatologia), pois o que realmente fazemos é trabalhar com e pela vida (*bios*), utilizando tudo o que a morte (*Thánatos*) nos ensina.

Com isso, tive a satisfação de lê-lo em primeira mão, ficando impressionado com a objetividade, com a sensibilidade e com a clareza ao tratar de um assunto tão difícil para muitas pessoas.

A morte, em nossa civilização ocidental, ainda é, em pleno século XXI, um tabu que nos amedronta, até pela sua simples menção. Paradoxalmente, a morte nunca foi tão vulgarizada como hoje, graças ao sensacionalismo dos meios de comunicação e o aumento da violência em todos os estratos sociais. Soma-se a isso a cultura capitalista, selvagemente consumista, que gera imenso apego a tudo e a todos, como se fossem propriedades individuais. E o apego é, sem dúvida, a causa maior do sofrimento diante das perdas que frequentemente ocorrem em nossa vida.

Acolher os que sofrem pelas perdas inevitáveis e trabalhar com os sentimentos de culpa, de perplexidade, de imprevisibilidade e de impotência, que aumentam os sofrimentos dos enlutados, é tarefa difícil, contudo possível e necessária, especialmente nesta modernidade líquida descrita pelo sociólogo Zygmunt Bauman, na qual valores escoam-se pelos ralos abertos, devido à tecnologia sem alma e sem sentimentos, conservando e acentuando a lógica do agora, do consumo, do gozo e da artificialidade.

Em seu livro, o psicólogo Jânio Reis aborda a questão dos enlutados com muita delicadeza e propriedade, aplicando princípios da "relação de ajuda", desenvolvida pelo psicólogo Rogers e aprofundada por Robert Carkhuff, sendo uma das melhores linhas psicológicas para o acolhimento das pessoas que sofrem. A esses princípios, Jânio Reis somou tudo o que foi aprendido nesses pouco mais de 30 anos da Biotanatologia no Brasil, trazendo uma importante contribuição, tão necessária para o povo brasileiro, sensível e emotivo, mais que qualquer outro.

Acolher pessoas que acabaram de passar por uma perda significativa em suas vidas não é tarefa fácil, pois lidar com as dores de uma perda sempre nos remete às nossas próprias dores, muitas vezes guardadas cuidadosamente no mais profundo de nossa alma.

Por isso, é necessário ressaltar que, para se cuidar da dor alheia, é indispensável primeiramente trabalhar com as próprias perdas, superando-as, para depois ajudar os outros a superar as deles.

Assim procedendo, com certeza descobriremos a enorme alegria de poder acolher pessoas para quem a vida perdeu o seu sentido em razão de um filho, um companheiro, pais muito amados que subitamente foram retirados dessa vivência psicofísica, e conseguir resgatá-los para uma nova vida, muito melhor, quando se descobre que a morte não existe, pois o que existe é apenas a transformação de um tempo imperfeito e limitado, regido por *chronos*, por meio do instante de *kairós*, para viver eternamente, bem além de *aion*, no perfeito "para sempre", no todo que é só de Deus.

Que o muito oportuno livro do psicólogo Jânio Reis cumpra, em plenitude, seus objetivos.

Evaldo A. D´Assumpção
Médico e Escritor

SUMÁRIO

1
VISÃO ANTROPOLÓGICA DA MORTE: BREVES CONSIDERAÇÕES......17
1.1 MORTE, *PERSONA NON GRATA* 19
1.2 EMERGE UMA NOVA POSTURA DE CONFRONTAR A MORTE 21
1.3 A SERENIDADE DIANTE DA FINITUDE HUMANA 24

2
"LUTO, O PREÇO QUE PAGAMOS PELO AMOR, O PREÇO DO COMPROMISSO" 29
2.1 O LUTO NORMAL VERSUS A DESORDEM DO LUTO PROLONGADO: TEORIA E PRÁTICA 31
2.2 O LUTO COMPLICADO OU A DESORDEM DO LUTO PROLONGADO: UM LUTO DE EXTREMA DOR 33
2.3 SENTIMENTOS E COMPORTAMENTOS AFLORADOS PELA DOR DO LUTO 37
2.4 AS DIVERSAS NOMENCLATURAS DO LUTO COMPLICADO/PROLONGADO E AS VARIÁVEIS QUE LHES SÃO PECULIARES 39
2.5 PROCURANDO INCANSAVELMENTE O OBJETO PERDIDO 41

3
O LUTO E SUAS MANIFESTAÇÕES 45
3.1 REPERCUTINDO NAS VÁRIAS DIMENSÕES HUMANAS 46
    3.1.1 Na esfera espiritual 46
    3.1.2 Na esfera psicológica 49
    3.1.3 O social ameaçado 51
    3.1.4 Alterações do fisiológico 52
3.2 O EMERGIR DAS SENSAÇÕES E DAS EMOÇÕES 53
    3.2.1 Embaraços 55
    3.2.2 Angústia e desespero: duas faces da mesma dor 56
    3.2.3 E as lágrimas vieram 58
    3.2.4 Sofrimento em espiral 60

4
O LUTO E A ORIENTAÇÃO FAMILIAR 61
4.1 UMA RELAÇÃO DE AJUDA 62
4.2 ORIENTANDO 63
    4.2.1 Acolher 63
    4.2.2 Escuta empática 64
    4.2.3 Escuta humanizadora 66
    4.2.4 Falando da importância de não reter as lágrimas 67
4.3 UM CASO DE ORIENTAÇÃO FAMILIAR EM PROCESSO DE LUTO 68

5
METÁFORAS: O PODER TERAPÊUTICO E RESTAURADOR NA VIDA DOS ENLUTADOS 77
5.1 NÃO ESPERE! 78
5.2 AMOR SEM ILUSÃO 79
5.3 OS TRÊS ÚLTIMOS DESEJOS DE ALEXANDRE, O GRANDE. 81
5.4 A OUTRA JANELA 82
5.5 O MONGE E O ANJO DA MORTE. 84
5.6 A MORTE NÃO É NADA. 85
5.7 INVISÍVEIS, MAS NÃO AUSENTES. 85
5.8 PARTIDA E CHEGADA. 87

6
CONSIDERAÇÕES FINAIS 89

REFERÊNCIAS BIBLIOGRÁFICAS 95
SITES CONSULTADOS 97

1

VISÃO ANTROPOLÓGICA DA MORTE: BREVES CONSIDERAÇÕES

Um dos eixos que marcam a singularidade dos seres humanos, desde os primórdios da civilização, é a certeza de que um dia morrerão. O ser humano é o único ser que tem consciência dessa certeza.

É possível que essa consciência tenha sido o elemento desencadeador de vários temores, de angústias e de medo. De fato, a morte foi e tem sido a razão do medo por excelência, que aterroriza o ser humano até os dias de hoje. Tanto os cultos como os iletrados, os céticos e os não céticos. É capaz que seja um dos elementos pertinentes ao ser humano mais antigo e universal da civilização.

Na tentativa de atenuar suas angústias, pavores e medo, o ser humano, sábio que é, desenvolveu um aparato de mecanismos e artifícios que pudesse melhor lidar com tal realidade: os mitos, os diversos ritos; os ritos funerários, por exemplo, ilustram muito bem essa necessidade. Eles estão presentes em inúmeras culturas. Diríamos que são elementos universais, transculturais.[1] Embora reconhecendo a sua importância, não serão objetos de estudo deste trabalho.

Percebe-se ao longo da história da humanidade que o medo da morte foi uma constante na vida do ser humano. O premiado estudioso Ernest Becker,[2] em *A negação da Morte*, enfatiza com propriedade esse sentimento universal em seus estudos.

---

[1] DALGALARRONDO, P. **Psicopatologia e Semiologia do Transtornos Mentais**. Porto Alegre: Artmed, 2008.

[2] BECKER, E. **A negação da morte**. Tradução de Luiz Carlos do Nascimento. Rio de Janeiro: Record, 2010.

Todavia a intensidade do medo difere de cultura para cultura. De maneira geral, no mundo ocidental, esse sentimento ganhou uma proporção descomunal, em que o pavor deixou de ser apenas pela a morte em si, mas por experiências análogas a ela: doenças, separações, ou seja, fatos que possam causar todo tido de rupturas.[3]

Ao voltarmos atenciosamente o nosso olhar para os primórdios da humanidade, percorrendo as trilhas da antropologia, vamos perceber que a morte sempre provocou inquietações e palpitações nos corações humanos. Nos primórdios da humanidade, o ser humano possuía um peculiar cuidado para com seus semelhantes que davam o último suspiro existencial, fazendo um funeral diferenciado dos outros seres vivos.

Como bem expressou o filosofo alemão Heidegger, o homem é um "ser-para-a-morte".[4] Com isso, podemos dizer que a morte é inerente ao homem, inerente à vida. A morte e a vida estão intrinsecamente ligadas e são por excelência indissociáveis. No entanto é comum ver em nossa sociedade um temor generalizado diante desse fenômeno intrínseco à vida humana. Há quem evite conversar sobre o assunto, preferindo viver como se ela não existisse. Tal assunto ainda assusta, põe medo e nos amedronta.

Contudo nem sempre foi assim. Ao menos em se tratando do recorte cultural ocidental. Isso é o que constata o renomado historiador francês Philippe Ariès. Este afirma que a grande reviravolta ocorre em meados do século XIX, consolidando-se com a evolução do mundo da técnica no século XX, sobretudo das Ciências Médicas. Embora o referido autor, ao descrever A *História da Morte no Ocidente*[5] e *O Homem perante a Morte*[6] trate apenas da cultura ocidental. Convém ressaltar que mesmo no Ocidente há uma significativa diversidade de matrizes culturais. Como bem descrevem

---
[3] KOVÁCS, M. J. **Morte e Desenvolvimento Humano**. São Paulo: Casa do Psicólogo, 1992.
[4] HEIDEGGER, M. **Ser e Tempo**. Tradução de Marcia Sá Cavalcante Schuback. Petrópolis: Vozes, 2005.
[5] ARIÈS, P. **História da morte no Ocidente**. Tradução de Hélio Vega. Rio de Janeiro: Ediouro, 2001.
[6] Id., **O Homem perante a Morte I e II**. Lisboa: Publicação Europa-America, 2000.

Oliveira e Callia em *Reflexões sobre a morte no Brasil*,[7] ao estudarem os comportamentos de alguns povos indígenas brasileiros, como os Tupis, que enterram seus mortos dentro da própria casa, no mesmo local onde possuíam a rede, e os Ianomâmis, que comem as cinzas dos seus mortos com uma massa de banana. Ambos acreditam que estão sepultando seus mortos dentro de si mesmos, e que assim passarão a possuir suas qualidades. Portanto, esses dois casos apenas ilustram que mesmo dentro do Ocidente existe uma heterogeneidade de postura, um comportamento diante da morte. Para tais culturas, a morte não provoca temor.

1.1 MORTE, *PERSONA NON GRATA*

O renomado estudioso e um dos pioneiros em Tanatologia no Brasil, Dr. Evaldo D'Assumpção, com propriedade diz que "quando uma pessoa afirma não temer a própria morte, está tão-somente sinalizando que ainda não refletiu suficientemente sobre o sentido da vida e da morte. Tal postura não corresponde a realidade".[8]

Uma das poucas certezas, quando não a única, que temos ao nascer, é que após percorrermos os caminhos tortuosos levados pela locomotiva da vida, passando de estação a estação, é que um dia chegaremos à última delas. Isso não implica que nesse momento nos defrontaremos com a morte, mas será apenas a última das inúmeras com a qual nos defrontamos: a morte biológica. A despeito disso, o "morrer é mais do que um evento biológico; tem outras dimensões: religiosa, social, filosófica, antropológica, espiritual e pedagógica".[9] Todavia aquela que possui um grande teor de aniquilar o "eu" em definitivo é sua vertente biológica. Como bem ilustrou o poeta João

---

[7] OLIVEIRA, M; CALLIA, M. H. (Org.). **Reflexões sobre a morte no Brasil**. São Paulo: Paulinas, 2005.
[8] D'ASSUMPÇÃO, E A. Tanatologia: Ciência da Vida e da Morte. In: D'ASSUMPÇÃO, Evaldo A. et al. **Biotanatologia e Bioética**. São Paulo: Paulinas, 2005. p. 33.
[9] SANTOS. F. S. Perspectiva Histórico-Culturais da Morte. In: SANTOS Franklin. S.; INCONTRI, Dora (Org.). **A arte de morrer**: visões plurais. v. 1. Bragança Paulista: Comenius, 2009. p. 14.

Cabral de Mello Neto, ao escrever *Morte e Vida Severina*: "morre-se de velhice antes dos trinta, de emboscada antes dos vinte, de fome um pouco por dia (de fraqueza e de doença é que a morte Severina ataca em qualquer idade e até gente não nascida)".[10]

Vamos encontrar inquietações diante da finitude humana desde os primórdios das civilizações, passando pelos mitos egípcios, gregos, chegando aos grandes filósofos. Afinal, para alguns, a filosofia é a arte de saber morrer, concebia Sócrates, postulado por Platão em seus diálogos.

Sem divagar na vasta e rica literatura mitológica, por não ser objeto de estudo deste livro, torna-se imprescindível fazer uma necessária referência ao barqueiro Caronte,[11] sendo anunciado pela mitologia como o "barqueiro da morte", ou seja, a ele foi atribuído uma função peculiar: fazer a travessia para a cidade dos mortos – Hades. Esse percurso teria um preço. Em virtude desse "pedágio", convencionou-se a colocar uma moeda na boca do falecido. Costume difundido em grande parte da cultura grega e possivelmente difundido para outras regiões sob a regência de sua influência imperial.

Enfim, como diria um dos maiores estudiosos do assunto, Ariès: "Não é fácil lidar com a morte, mas ela espera por todos nós... Deixar de pensar na morte não a retarda ou evita. Pensar na morte pode nos ajudara aceitá-la e a perceber que ela é uma experiência tão importante e valiosa quanto qualquer outra."[12]

Afinal de contas, o que de fato é a morte? Seria um muro? Uma porta? Um abismo? Há algo depois dela? São perguntas cruciais para a sociedade. A resposta tende a definir parte daquilo que somos ou pretendemos ser. Enfim, as nossas concepções sobre a morte e morrer poderão ter fortes implicações no processo de enlutamento, a partir de nossas visões de mundo, acervos de crenças e convicções.

---

[10] NETO, João Cabral de Mello. **Morte e Vida Severina**. p. 3. Disponível em:< http://www.nead.unama.br>. Acesso em: 28 out. 2015.

[11] SANTOS F.. S.; INCONTRI, D. (Org.), op. cit., p. 16.

[12] ARIÈS, op. cit., p. 84.

A partir do século XX, acontece algo de grande relevo e densa significação. Século dos grandes avanços tecnológicos e também das produções de armas de dizimação em massa; século em que, segundo Philippe Ariès,[13] é assumida uma postura de esconder a morte, evitando-se tecer qualquer comentário sobre ela, e aqueles que ousam quebrar o pacto do silêncio são considerados inconvenientes. Foi um século no qual se registraram as duas grandes guerras mundiais, com os maiores números de vítimas registrados nos anais da História. Foi então o século em que se constata de maneira enfática um exacerbado medo da morte concomitantemente à sua banalização.

A esquiva de falar da morte parece ter sido uma estratégia usada para encapsular a vida, valorizá-la e protegê-la. Nessa perspectiva, a melhor forma de lidar com a ausência do ente querido, de vivenciar o luto, seria simplesmente fingir que ela não teria ocorrido. Parece ter sido essa esquiva o fator determinante que aguçou o medo. Seja qual for a escolha, ao optarmos para lidar com o último suspiro existencial, não teremos como escamotear o luto.

1.2 EMERGE UMA NOVA POSTURA DE CONFRONTAR A MORTE

Retomando o fio norteador do pensamento do historiador francês Philippe Ariès, ao constatar a mudança de comportamentos diante da morte a partir das últimas décadas do século XIX. Até o final do século XVIII, a morte era vista com mais serenidade, como fato natural, término de um ciclo de vida, em vez de algo ameaçador, desestabilizador. Era comum o ancião, ao pressentir sua finitude, reclinar-se no leito diante dos familiares e amigos, além de toda a comunidade efetivar uma cerimônia pública. Tudo ocorria dentro de uma naturalidade, sem temor nem dramaticidade.[14]

---
[13] Ibid., p. 156.
[14] ARIÈS, op. cit.

Podemos pontuar que, segundo o referido autor, no final do século XIX acontece uma virada de 180º na maneira de relacionar-se com a morte. Diríamos que a serenidade deixa de acontecer. Passa-se a disseminar no bojo da sociedade um pavor e um medo exagerado da morte, quando não patológico. Com propriedade, constatou Becker,[15] que o terror da morte passa a ser a mãe de todas as angústias, embora, paradoxalmente, sendo o impulso para o avanço da humanidade. Essa reviravolta deu-se em razão de quê? Sem termos a pretensão de esgotar as razões possíveis, que justificariam essa mudança de eixo, podemos apontar três que tiveram relevante peso.

A primeira é que nos apegamos excessivamente à materialidade dos objetos, desejos obsessivos de possuir sempre mais; em razão disso, angustiamo-nos drasticamente diante da possibilidade de nos desfazermos daquilo que sempre norteou a nossa existência. De fato, em uma sociedade em que é nítida a supremacia do ter sobre o ser, pagamos um preço altíssimo pelo culto ao apego. Dele advém, em muitos momentos existenciais, uma gama de sofrimentos, sobretudo quando nos iludimos que temos importância pelos objetos de luxo que ostentamos, pelo cartão de crédito que possuímos, pela reserva bancária que temos. O apego obcecado não só aos objetos, mas também as pessoas, a iminente possibilidade de rompermos definitivamente com tudo isso – e a morte é essa possibilidade real. Cedo ou tarde teremos de dar o último suspiro existencial. Não há como não mergulharmos em um oceano de angústias.

O medo desse momento – finitude humana – leva alguns a desenvolverem estados de angústias, obsessões, depressões, até mesmo doenças psicossomáticas. É possível que esse medo também seja por outra razão: a incerteza do que virá depois. Isso também pode nos atormentar, sobretudo porque, em tempos atuais, somos

---

[15] BECKER, op. cit.

caracterizados por termos "tudo sob controle". O aparato da modernidade possibilitou aos humanos dominar uma variedade de situações que até então não só era improvável como impensável. O "absurdo" se tornou possível; a título de exemplo: a superação da velocidade do som, a exploração do espaço, o transplante de órgãos, a regência e o controle do tempo, sendo capaz de prever situações climáticas, furacões, enchentes com inúmeros dias de antecedência, ou até mesmo doenças de caráter hereditário, entre inúmeras outras possibilidades. Portanto, embora tendo certeza de tudo isso, algo que escapa ao seu domínio, que o amedronta, que o deixa angustiado, é justamente não ter certeza do que virá depois do seu último suspiro existencial. Não ter controle sobre isso é para muitos mergulhar em um mar de aflição. Afinal, estamos diante do maior de todos os males: a morte e o terror dela.[16]

A segunda razão, diríamos que repousa no advento das ciências médicas. Aqui acontece uma mudança substancial no ambiente em que se morre. Esta deixa de acontecer nos ambientes familiares, na companhia dos parentes e amigos para o ambiente insalubre, angustioso e desumano dos hospitais.[17] De fato, meses atrás, pude constatar isso ao visitar um conhecido em um leito de um renomado hospital, e ele dizia ao grupo de amigos visitantes:

> Rapazes, a maior dor que estou sentindo, não é da enfermidade que está consumindo a minha vida, o que mais me aflige é a dor da solidão. Depois que vocês saírem, ficarei sozinho, olhando para as paredes bancas desse leito, vendo só pessoas estranhas, isso me dói muito, aumenta o meu sofrimento.

Ao dizer isso, começou a lagrimar.

Uma terceira causa pode atribuir-se à inacreditável ausência dessa temática nas grades curriculares e nos projetos educa-

---
[16] Ibid., p. 31.
[17] ARIÈS, op. cit., p. 285-295.

cionais da sociedade vigente. A sua ausência nas discussões escolares impede-nos, desde a infância, de familiarizarmos com esse acontecimento inerente à vida.

Enfim, podemos dizer que outrora a morte não era um acontecimento estritamente privado, como ocorre hoje nos leitos dos hospitais. Mas trazia em si um caráter estritamente social. Diante do leito do moribundo, era possível encontrar toda uma rede de relacionamentos, seja de família ou de inúmeros amigos, tornando-se, assim, a morte um acontecimento mais público e coletivo nas décadas e séculos passados do que nos nossos dias.

1.3 A SERENIDADE DIANTE DA FINITUDE HUMANA

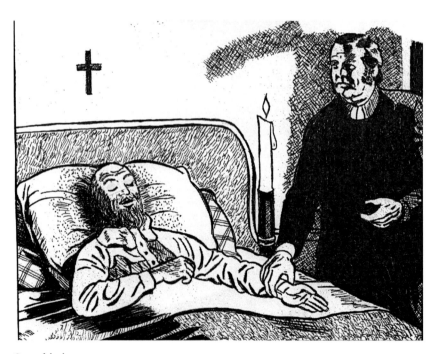

Serenidade
Autor: Antônio Miranda

Não se tem a pretensão de descrever a morte como a "musa da filosofia",[18] utilizando-se da expressão cunhada por Becker. Na sua concepção, estendeu-se "desde os primórdios da Grécia até Heidegger e o existencialismo moderno".[19] De fato, para Platão, a Filosofia é como uma contínua meditação sobre a morte. Portanto, preocupar-se com o morrer era um bom caminho para filosofar. É possível que seja a luz dessa convicção que ilustra com veemência a cena serena do último suspiro, antecedido pelas mais belas e lúcidas palavras humanas, do seu admirável mestre Sócrates: "é hora de irmos, eu para a morte, e vós para viverdes. Mas, quem de nós fica com a melhor parte ninguém sabe, exceto os deuses".[20]

No entanto essa serenidade, essa lucidez de ver a morte, foi sendo dissipada ao longo dos séculos. Ora será vista sob outro ângulo, outro distinto olhar: a morte como algo que aterroriza e desperta medo, pavor.

Essa serenidade diante da morte é algo raro, mas capaz de ser encontrado até nos dias de hoje. Foi o que pude colher em uma das minhas visitas familiares, que faço rotineiramente – em razão do ofício – ao interior do Brasil (julho/2009). Chegando ao povoado que costumava frequentar, gozando de uma vasta rede a amigos, entrando em uma residência, perguntei pelo "patriarca", pessoa essa que tinha laços de profunda amizade. Para meu espanto, a anfitriã, sua nora, comunicou-me que havia falecido, fazendo questão de descrever os pormenores do seu último momento existencial.

Contou-me que, em um certo dia, por volta das 15 horas, foi chamada ao quarto onde ele se encontrava. E ali chegando foi solicitada que mandasse chamar imediatamente todos os seus

---

[18] BECKER, op. cit., p. 32.
[19] BECKER, loc. cit.
[20] PLATÃO. Apologia de Sócrates. Disponível em: <http://www.revistaliteraria.com.br/plataoapologia.pdf>. Acesso em: 20 dez. 2016.

filhos e netos. Eram quatro filhos, e todos moravam em um raio de 500 m. A proximidade possibilitou que, às 17 horas, todos os filhos com inúmeros netos já estivessem ao redor de sua cama. A partir daquele momento, chamando cada filho, começou a dar-lhes conselhos, orientação, seguidos de uma benção, a cada filho e a cada neto que ali o reverenciava com a sua presença. Por último, disse a todos: "quero que vocês continuem unidos como sempre vivemos". Depois desse momento, pediu um copo de água, bebeu um pouco, devolveu o copo e foi lentamente fechando os olhos e empalidecendo-se.

Esse fato, pela sua serenidade diante da morte, remete-nos aos primórdios da Filosofia – morte de Sócrates. E pelo ritual nos faz rememorar as descrições de alguns acontecimentos da Idade Média, feitos por Philippe Áries. Este fala da cerimônia presidida pelo moribundo aos familiares, amigos e toda a comunidade. Essa familiaridade com a morte é uma forma de aceitação da ordem da natureza.[21]

De fato, é com o advento da era industrial que o homem adquiriu grande "domínio" das forças e dos ciclos da natureza. Concomitantemente, aflora o grande temor da morte, rompendo, assim, a familiaridade serena de outrora.

Advento que, consequentemente, desencadeou em uma significativa parcela da humanidade padrões de consumo jamais vistos. Se somos consumistas obsessivos – e esta é uma das marcas do mundo contemporâneo –, nada mais natural do que nos sentirmos angustiados e temerosos com a possibilidade da morte, pois esta marcará o fim para sempre dessa prática compulsiva. À luz disso, é compreensível que alguns prefiram negá-la.

Quanto à forma de negá-la, cada um elabora a sua: há quem prefira tecer comentários em torno dos seus feitos; outros pre-

---

[21] ARIÈS, 2001. p. 271-277.

ferem iludir-se piamente que são imortais, como bem frisou Freud em *Escritos sobre a Guerra e Morte*: "ninguém crê em sua própria morte, pois inconscientemente nos achamos imortais".[22]

Há também aqueles que buscam desesperadamente, compulsivamente, refúgio na medicalização, atitude pertinente percebida por Kovács,[23] segundo o qual o triunfo da medicalização está, justamente, em manter a morte e a doença na ignorância e no silêncio. Por fim, algo que ilustra com propriedade e, ao mesmo tempo, pode gerar perplexidade à sociedade em matéria de negação da morte é justamente o que emerge do ramo da criogenia humana, ao congelar o corpo do indivíduo no exato momento do seu último suspiro existencial, tendo em vista com ele ainda investir em uma vida futura. Diante de tamanha audácia humana, faz-se oportuno lembrar as palavras de Einstein,[24] quando este afirmou sabiamente que "apenas duas coisas são infinitas: o universo e a estupidez humana". Acrescentando com um teor de sarcasmo: "e não estou seguro quanto à primeira".

Enfim, é possível que não seja necessariamente a morte em si esse elemento catalisador de tanta angústia no ser humano, mas sim a sua consciência, a certeza de que ela acontecerá. Eis uma das principais razões de se querer negá-la constantemente.

Portanto, no decorrer do estudo com famílias enlutadas, foi possível detectar que algumas se esquivam de revelar a causa da morte, sobretudo quando se tratava de suicídio, ou quando a vítima tinha sido assassinada, e no seu histórico de vida constavam-se antecedentes criminais. Esse comportamento familiar é bastante similar à atitude dos familiares nos tempos remotos da Idade Média. As mortes feias e vis tornavam-se segredos de

---

[22] FREUD, S. **Escritos sobre a Guerra e a Morte**. Disponível em: <http://www.lusosofia.net/textos/freud_sigmund_da_guerra_e_da_morte.pdf>. Acesso em: 17 set. 2015.

[23] KOVÁCS, op. cit.

[24] EINSTEIN apud CASTRO C. M. O livro dos porquês. **Revista Veja**. 8 set. 2010. Edição 2181. Ano 43. n. 36. p. 24.

família. Como descreve Ariès a respeito da morte de uma pessoa por ter comido um fruto envenenado oferecido inocentemente pela rainha. Esse fato provocou grande comoção e vergonha na corte, que comentava apenas entre si o acontecido.

A morte por envenenamento assim como a morte repentina e súbita são, aos olhos da Idade Média, classificadas como "feia, vil e absurda". A elas convém somar a morte por suicídio e por afogamento com o desaparecimento do corpo, pois são mortes que, em muitas famílias – em plena contemporaneidade –, tornam-se segredos familiares e com uma densa carga de significados que podem dificultar a elaboração do luto.

2

"LUTO, O PREÇO QUE PAGAMOS PELO AMOR, O PREÇO DO COMPROMISSO"

Eu o Amava

Autor: Antônio Miranda

Evaldo D'Assumpção com propriedade afirma:

> Diante de uma grande perda, de um enorme sofrimento, todos podem escolher dois caminhos, duas atitudes: ou se tornar vítima, curvando-se diante dos infortúnios e lamentando incessantemente as desgraças que lhe sobrevêm, ou assumir o papel de sobrevivente, aquele que luta para

vencer as adversidades, que reconhece a impermanência de todas as coisas e, por isso, recusa-se a ser vítima.[25]

Kovács postula que o luto pode ser entendido como um processo de elaboração de pesar em decorrência da perda de alguém com quem temos densos laços afetivos, culminado em uma dor imensurável e em profunda tristeza. Para a autora, o luto evoca sentimentos fortes, ambivalentes, fazendo-se necessários tempo e espaço para que seja elaborado.[26] O perder alguém significativo pode potencializar intensa desorganização. O luto é o lado público do pesar, enquanto o pesar pode ser visto como o processo interno, experiência e vivência de sentimentos envolvendo a morte de alguém que amamos.

Para William Worden,[27] são quatro as tarefas do luto: a primeira aceita a realidade da perda, as mortes inesperadas ou as mortes com a ocultação do corpo, tornando-se variáveis e dificultando para enlutado a aceitação a perda; a segunda tarefa implica elaborar a dor da perda, aqui sendo necessário não conter os sentimentos, a dor, o desconforto, mas exprimi-los, seja de forma verbal ou não verbal, e podem emergir as mais diversas emoções – raiva, tristeza, angústia; a terceira tarefa é a habilidade de adequar-se ao ambiente novo, onde falta a pessoa perdida, sendo esse passo o mais desafiador a ser superado no processo de elaboração do luto, ou seja, voltar as atividades laborais de antes, sem a presença física da pessoa amada, sem seu aconchego e sua companhia, e desprender-se do vestuário do ente querido passa a ser uma tarefa desafiadora, da qual, porém, não se pode esquivar; quanto à quarta tarefa, possivelmente, entre todos os desafios, esta será determinante para uma saudável elaboração do luto:

---

[25] D'ASSUMPÇÃO, E A. **Grupo de Suporte ao Luto**. São Paulo: Paulinas, 2003. p. 15.
[26] KOVÁCS, M. J. **Conversando sobre a Morte e o Morrer na Área da Deficiência**. p. 122. Disponível em: <http://www.scielo.br/pdf/pcp/v27n1/v27n1a10.pdf>. Acesso em: 10 jan. 2017.
[27] WORDEN, W. **Terapia do Luto:** um manual para o profissional de saúde mental. Porto Alegre: Artes Médicas, 1998.

encontrar um lugar para reposicionar a pessoa perdida (dentro de si) e prosseguir com a vida.

O processo de elaboração de luto só chegará ao seu desfecho satisfatório, de acordo com Kovács, quando existir "a presença da pessoa perdida internamente em paz, havendo um espaço disponível para outras relações, sendo, portanto, necessário um tempo para vivenciar o luto, e não para negá-lo".[28]

É nessa perspectiva que o estudioso John Bowlby descreve a necessidade de o enlutado simbolicamente "deixar o seu ser amado partir"[29] para que o processo de luto seja bem elaborado.

Enfim, a compreensão do luto tem na atualidade o fato de não considerá-lo mais como doença, e sim como uma situação de crise que precisa de cuidados. Dessa forma, o luto, segundo Parkes,[30] não é um conjunto de sintomas que se inicia após a perda, e sim um processo com quadros que se mesclam, podendo afetar, entre outros, o sistema imunológico, com grande risco de adoecimento e depressão.

2.1 O LUTO NORMAL VERSUS A DESORDEM DO LUTO PROLONGADO: TEORIA E PRÁTICA

Falar de luto é versar sobre uma das maiores dores que assolam a pessoa humana. É algo universal, presente em todas as culturas, credos e raças. É possível dizer que o grande diferencial é encontrado na maneira com que cada cultura vive e expressa especificamente a sua dor, o seu luto. O que emerge com muita

---

[28] KOVÁCS, op. cit., p. 50.
[29] BOWLBY apud SOLANO, J. P. C. Modelos de Luto "Normal". In: SANTOS, Franklin Santana; SCHLIEMAN, Ana Laura; SOLANO, João Paulo Consentino (Org.). **Tratado Brasileiro sobre perdas e luto**. São Paulo: Atheneu, 2014. p. 110.
[30] PARKES, C.M. **Luto:** estudos sobre a perda na vida adulta. Tradução de Maria Helena Franco. São Paulo: Summus Editorial, 1998.

força, em quase todos os povos e culturas, é que para muitos "a morte da pessoa amada é uma amputação".[31]

Freud descreve o luto como um processo que visa retirar a energia fixada no objeto perdido, redirecionando para outro objeto.[32]

Parkes – psiquiatra britânico –, possivelmente a maior autoridade da atualidade nesse assunto, afirma que "o luto é afinal, o acontecimento vital mais grave que a maior parte de nós pode experienciar".[33] O referido autor, todavia, faz uma oportuna ressalva, que elucida de maneira bastante significativa a complexa e muitas vezes equivocada compreensão do luto, ao dizer que este "não pode ser visto como um conjunto de sintomas que tem início depois de uma perda e, depois, gradualmente se desvanece. Envolve uma sucessão de quadros clínicos que se mesclam e se substituem".[34]

Quadros esses percebidos com muita clareza no ato da escuta das famílias enlutadas, tais como: desorganização, desejos, procura constante da figura perdida e raiva. Em alguns casos – não raros –, chega-se a demonstrar um sentimento de alívio. No que se refere a esse último, pude constatá-lo, estupefato, talvez por ser um pouco atípico. O filho chegou ao IML acompanhado da mãe para pegar o atestado de óbito do pai e, consequentemente, providenciar os serviços funerários. No ato do atendimento, o filho, enquanto me descrevia a forma como o pai havia falecido, gesticulava as mãos, os pés, em um movimento de dança de rap, com um sorriso nos lábios. Sorriso esse também expresso pela mãe. Depois de muito tempo, pude compreender que a morte do pai foi vista como um alívio tanto para o filho quanto para a esposa, pois ele se encontrava dependente de álcool há muitos anos e tinha se tornado fonte não só de decepção, mas de grande

---

[31] LEWIS, C. S. **A Anatomia de uma dor**: luto em observação. Tradução de Alípio Franco Correia Neto. São Paulo: Vida, 2007. p. 12.
[32] FREUD, S. [1917]. **Luto e Melancolia**. Obras Completas. v. 16. Ed. Standard, 1996.
[33] PARKES, C. M. op. cit., p. 44.
[34] Ibid., p. 23.

sofrimento para a família. Portanto, seu óbito veio como um atenuante da dor e da angústia vivida no seio familiar.

2.2 O LUTO COMPLICADO OU A DESORDEM DO LUTO PROLONGADO: UM LUTO DE EXTREMA DOR

O Caos

Autor: Antônio Miranda

A extrema e quase insuportável dor do luto constitui, por assim dizer, um elemento fundamentalmente potencializador de outro estado ou, se preferir, quadro que inunda a pessoa enlutada. É o que podemos denominar de *profundo sentimento de incapacidade*, vivido com tamanha intensidade que chega a paralisar completamente. Para ilustrar melhor esse sentimento de incapacidade, porque não dizer, de aterrorizante impotência, faz-se necessário recordar dois casos:

- O primeiro diz respeito à mãe que tanto se mobilizou por expectativa da chegada do segundo filho; no entanto, ao chegar à maternidade, por negligência médica – há fortes indícios que a levaram a acreditar nessa possibilidade –, a criança nasce morta. Esse acontecimento foi tão marcante que depois de oito meses, relata a mãe, ainda não tinha conseguido voltar às atividades de rotina, muito menos desarrumar o quarto que havia preparado para aquele filhinho tão esperado;

- Como segundo caso, temos aquela mãe que, depois de um ano e dois meses da morte do filho – vítima de acidente –, fazia visitas três vezes por semana ao seu túmulo.

Diríamos que esse estado é constantemente agravado à medida que emerge cada lembrança, pois esta aflora de maneira intermitente à dor do luto. Como não é possível controlar as lembranças e, consequentemente, a dor evocada por elas, resta aos enlutados reverem seu mundo interno. Essa atitude convencionou-se chamar de "elaboração do luto", e o luto "patológico" aponta para uma acentuada e ineficaz elaboração.

Dentro do referencial teórico de Freud,[35] esse mundo interno, que foi desmoronado pela perda do objeto amado, precisa ser reconstituído. Para tanto, faz-se necessário um profundo investimento de "energia". Não se trata, é lógico, de uma energia

---

[35] FREUD, op. cit.

física real, mas de energia psíquica. Esse movimento de reconstituição pode ser reiniciado inúmeras vezes pela pessoa enlutada, a depender da constituição psíquica de cada indivíduo, uma vez que sua dinâmica não se estabelece em um plano linear, mas quase sempre se estabelece dentro de uma configuração espiral. Ou seja, ora demonstra-se que conseguiu a elaboração da perda, ora parece que o objeto perdido é algo insuperável. Como bem ilustra a fala de alguns enlutados: "minha vida não tem mais sentido!", "nunca mais eu vou ser feliz!".

É dentro desse profundo sentimento de não aceitação da perda do objeto amado que se pode apontar para indícios de uma configuração "patológica" do luto. Segundo Parkes,[36] são diversos os fatores que poderão emergir em elementos complicadores no processo de elaboração do luto. Tais como: morte por suicídio, circunstâncias traumáticas da perda, morte por homicídio, baixa autoestima, relação de extrema dependência etc.

Faz-se necessário fazer uma breve ressalva, esclarecendo que não é objeto deste presente livro versar sobre as causas que levam alguém a cometer um ato suicida, mas apenas demonstrar como esse tipo de morte provoca uma dor tão aguda aos enlutados a ponto de complicar o percurso "normal" do luto. No entanto, considerando a sua complexidade, surge a pertinente ponderação de Kovács, ao dizer que esse ato:

> Não pode ser considerado em todos os casos como psicose, ou decorrente de desordem social. Também, não pode ser ligado de forma simplista a um determinado acontecimento, como rompimento amoroso, ou perda de emprego. Trata-se de um processo, que pode ter tido o seu início na infância, embora os motivos alegados sejam somente os fatores desencadeantes.[37]

---

[36] PARKES, op. cit., p. 157-167.
[37] KOVÁCS, op. cit., p. 173.

Tem-se percebido como um dos fatores que contribuem significativamente para o agravamento da dor do enlutado é que uma fantasia bastante comum em suicidas "é a agressão dirigida aos sobreviventes, como uma punição pelo mal que foi feito aos que morrem".[38] Sentir culpado por tal atitude é, de fato, uma dor descomunal. Pode-se dizer que se trata de um duplo sofrimento, pois além de perder o ente querido, foi pelo próprio suicida atribuído a culpabilidade.

Diríamos que, de fato, um conjunto de fatores age como um *tsunami*, aumentando, por assim dizer, o risco de emergir um luto complicado. A título de exemplo, na literatura universal, encontra-se o luto "perpétuo" vivido pela rainha Vitória da Inglaterra (1861-1901), após a morte de Albert, seu marido. Contam os historiadores que a rainha evitava as aparições públicas e se vestiu de preto até o seu último suspiro existencial. Esse tipo de luto vivido pela monarca ilustra muito bem o que seja o luto **complicado,** com todas as suas implicações, e a que extremo comportamento se pode chegar.

---

[38] NEVES, F. J. L. O suicídio na perspectiva psicanalítica. In: D'ASSUMPÇAO, E. A. et al. **Morte e Suicídio:** uma abordagem multidisciplinar. Petrópolis: Vozes, 1984. p. 220.

2.3 SENTIMENTOS E COMPORTAMENTOS AFLORADOS PELA DOR DO LUTO

Saudade
Autor: Antônio Miranda

"Ninguém me disse que o luto se parecia tanto com o medo. Não estou com medo, mas a sensação é a mesma. A mesma agitação do estômago, a mesma inquietação, o bocejo, a boca seca."[39] As contundentes palavras de Lewis expressam com propriedade, de maneira singular, o que vem a ser a dor do luto e tudo mais que ela pode aflorar.

Em se tratando de luto prolongado, diríamos que o quadro é ainda mais tenebroso, pois desencadeia nas pessoas enlutadas uma vivência contínua do trauma da perda; embora o fato tenha ocorrido há anos, para o enlutado parece ter sido ontem. A perda parece ter ficado cristalizada.

Como aludimos, outra situação pertinente ao luto prolongado é observada pela incapacidade de as pessoas continuarem a dinâmica da vida. A vida do enlutado parece apenas escombros, chegando a dizer: "... eu nunca mais consegui me relacionar"; outros chegam a afirmar que "não vale a pena mais viver". De fato, não conseguem dar um passo na vida profissional, pessoal, sem recitar este melancólico verso: "a vida não tem mais sentido".

A dor do luto possibilita o afloramento tanto de sentimentos quanto de uma variedade de comportamentos. Na esfera dos sentimentos, é bastante perceptível: a intensa tristeza – "... eu fiquei muito deprimida"; o desamparo – "... não sei o que será de mim"; o alívio, embora este possa nos parecer estranho, mas também é possível e mais frequente do que imaginamos, sendo muito comum, sobretudo, quando a vítima possuía algum vício, como dependência química, e tinha em casa, no seio familiar comportamentos de extrema violência – "...eu não tenho dúvida de que foi o melhor que aconteceu"; a desestabilização – "...eu me desmontei"; a culpa – mulher que perde o filho durante o parto, possivelmente em decorrência da negligência médica ("...bateu o desespero, acho que se tivesse ido pra outra maternidade, não teria acontecido"); a ansiedade – "... eu preciso ter força pra cuidar da minha filha, foi o que mais minha esposa pediu"; entre inúmeros outros sentimentos que serão descritos posteriormente.

---

[39] LEWIS, op. cit., p. 29.

No que diz respeito propriamente aos comportamentos, Worden[40] descreve os mais comuns: o distúrbio do sono – na escuta das famílias no IML/Cemitério, algumas viúvas declararam: "depois que meu companheiro se foi, passei noites sem conseguir pregar o olho"; a falta de apetite; isolamento social – esse comportamento percebido com muita nitidez na fala de uma das mães ("desde que meu filho morreu, não consegui sequer visitar os meus vizinhos mais próximos, não tenho disposição de sair de casa, nem mesmo de fazer as tarefas comuns a uma dona de casa, não sinto nem fome"); o sonhar constante com a pessoa que faleceu – "sonho com muita frequência com o meu filho, isso me faz aumentar ainda mais a saudade dele", disse-me uma mãe no Cemitério. Há, portanto, uma vasta e expressiva literatura elencando essa variedade de comportamentos e sentimentos. Boa parte deles foi possível testemunhar durante a escuta das famílias enlutadas do IML/Cemitério.

2.4 AS DIVERSAS NOMENCLATURAS DO LUTO COMPLICADO/PROLONGADO E AS VARIÁVEIS QUE LHES SÃO PECULIARES

Convém ressaltar que o luto, não sendo elaborado, ou seja, o enlutado, não conseguindo efetivar sua profunda revisão do mundo interno, pode desencadear um processo doentio, recebendo, assim, diversas nomenclaturas, como: luto não resolvido; luto complicado; luto anormal; luto crônico; luto patológico – termo esse em desuso na literatura vigente. Prefere-se a terminologia recentemente cunhada pelo *Manual Diagnóstico e Estatístico de Transtornos Mentais* (DSM-5) – da Associação Americana de Psiquiatria – de *desordem do luto prolongado*. Enfim, esse processo

---
[40] WORDEN, op. cit., p. 35-36.

do luto é desencadeado pelo fato de a pessoa não ter conseguido repor em seu ego a pessoa querida que fora perdida, reconstituição essa possível tanto na melancolia quanto no "luto normal".

Segundo Parkes,[41] detectam-se algumas variáveis que podem contribuir para o desencadeamento do luto crônico, entre elas: a idade e o sexo do enlutado; a idade e o papel da pessoa que foi perdida; as causas e as circunstâncias da perda; as circunstâncias sociais e psicológicas que afetam o enlutado, na época e após a perda; a personalidade do enlutado, com especial referência à sua capacidade de constituir vínculos e responder a situações estressantes; entre outros já mencionados anteriormente.

Dentro desse universo postulado pelo referido autor, duas escutas no IML ratificam tal concepção: a primeira, a morte de jovem filho assassinado, tem um significativo potencial desestabilizador na vida do enlutado, podendo chegar a desencadear o processo patológico do luto, em que a mãe assim se expressou: "depois que ele morreu, perdemos o prazer de viver". Como segunda, constatou-se que a morte por suicídio pode tomar também o mesmo fim, ou seja, luto complicado, isso porque essa causa de morte também possui um aspecto extremamente denso, sendo alguns casos agravados pelo sentimento de não o ter ajudado o suficiente, evitando, assim, a consumação do ato, como atestei na escuta de uma enlutada, ao perder o irmão suicida: "ele a seu modo chegou a pedir ajuda, mas eu não consegui entender, o seu comportamento estava estranho ultimamente, ficava muito tempo sozinho, se eu ao menos tivesse conversado um pouquinho, talvez ele não teria chegado a isso". Diríamos que esse sentimento de indiferença, ou mesmo culpa, confirma-se como um complicador na elaboração do luto. Todavia não se trata de uma generalização, de algo que possa ser averiguado na lógica de causa e efeito, cartesiana, mas sim apenas um entre muitos outros fatores desencadeadores, tais como: a estrutura psí-

---

[41] PARKES, op. cit., p. 144-148.

quica de cada enlutado, a dinâmica do grupo familiar e social em que tramita e o grau de vínculo com o suicida.

2.5 PROCURANDO INCANSAVELMENTE O OBJETO PERDIDO

A Dor
Autor: Antônio Miranda

No que alude ao luto complicado, as pessoas enlutadas caracterizam-se pela significativa resistência em aceitar a mudança no seu mundo externo. Detecta-se aqui a imensa dificuldade, chegando ao insucesso de se restabelecer um equilíbrio. Nesse tipo de luto, versa Freitas, "a libido – que deveria ser deslocada para outro objeto – permanece orientada para o próprio ego. Daí produz-se a identificação com o objeto".[42]

Portanto, diríamos que cada tipo de luto tem sua peculiaridade, e dentro do postulado freudiano, no luto, e aqui aludimos ao luto dito normal, existe uma perda consciente do objeto, expressando que o mundo ficou vazio e empobrecido. Em contraponto a esse estado de luto, Freud postula o estado que o chama de melancolia;[43] no "melancólico", parece existir uma perda do objeto inconsciente. Sendo assim, não é mais o mundo que está vazio ou empobrecido, mas se torna vazio e empobrecido o próprio melancólico. Enfim, para o melancólico, a perda não aconteceu no universo real, como no estado de luto, mas no seu mundo psíquico, sendo possível aludir que seu objeto é fundamentalmente emocional. No entanto, tanto no luto quanto na melancolia, existe, de fato, a perda do objeto amado, porém no primeiro o estado é consciente; no segundo, faz-se inconsciente. E o comum em ambos é que tendem a desaparecer em certo tempo.

A perda do objeto amado possibilita aflorar um processo de sentimentos profundos nas famílias, nas pessoas, alguns detectados nitidamente na escuta das famílias: apatia, irritabilidade, mau humor, inquietação motora. Quando não um angustiante sentimento ambivalente: "não fui uma boa mãe, acho que mereço pagar por isso".

Com todas essas variáveis e elementos complicadores, é possível deduzir que se a dor do "simples" luto é considerada uma das maiores dores que assolam o ser humano, fico a imaginar como seria a dor do luto patológico. Ao encontro desse

---

[42] FREITAS, N. K. **Luto materno e psicoterapia breve**. São Paulo: Summus Editorial, 2000. p. 40.
[43] FREUD, S. op. cit.

enunciado, vem uma oportuna abstração de Parkes, quando este afirma que "o traço mais característico do luto não é a depressão profunda, mas episódios agudos de dor, com muita ansiedade e dor psíquica".[44] Diríamos que essa dor é o componente subjetivo e emocional que o impulsiona a constante procura do objeto perdido. Atitude visivelmente detectada no universo de algumas famílias assistidas no IML/Cemitério, como o casal que todas as tardes ia visitar a sepultura do filho, chegando a comentar: "nós não sabemos se vamos conseguir superar isso, ainda dói muito, nossa vida acabou". As lágrimas começaram a cair.

---

[44] PARKES, op. cit., p. 62.

3

O LUTO E SUAS MANIFESTAÇÕES

E Agora?
Autor: Antônio Miranda

As manifestações do luto podem ser vistas em duas esferas: aquela que emerge do interior do sujeito enlutado e aquela que desencadeia, nos ramos do saber, outro olhar, outra dinâmica, enfim, outra mobilização.

Se a morte provoca o luto, este pode desencadear uma série de manifestações.

A complexidade do processo desencadeado pelo luto leva-nos à convicção de que este não pode ser analisado de maneira unilateral, ou melhor, como objeto de estudo de apenas um campo do saber. A sua semiologia perpassa as mais diversas fronteiras do saber. Restringi-lo a um único campo é comprometer a devida compreensão da sua complexa dinâmica. Infelizmente ainda é visível a arcaica prepotência de alguns.

Diante da sua complexidade e do turvado horizonte, para que não se corra o risco de abstraí-lo de uma forma superficial, ou mesmo ingênua, faz-se necessário utilizar-se da "lupa" das diversas áreas do saber, tais como: Psicologia, Psiquiatria, Teologia, Sociologia, Antropologia, Psicanálise, na sua compreensão mais ampla, compreendendo os seus mais diversos postulados. Será com essas lupas que adquiriremos uma melhor e mais profunda abstração da semiologia do luto.

3.1 REPERCUTINDO NAS VÁRIAS DIMENSÕES HUMANAS

3.1.1 Na esfera espiritual

Na esfera da espiritualidade, aflora de maneira pertinente, inquietante, o sentir-se castigado, ou mesmo um intenso furor por Deus, descrença, esfriamento ou uma exacerbada procura por ritos religiosos. Quanto à descrença, é bastante comum ouvir dos enlutados: "Por que Deus me faz sofrer tanto? Que mal eu fiz para receber isso? Por que ele permitiu que isso acontecesse?"

Nessa mesma perspectiva, encontramos a pertinente e sensata reflexão de Kovács, ao postular:

> Nós, na psicologia, temos nos ocupado muito da saúde psicológica do ser humano. Nas últimas décadas, temos dado mais atenção ao ser humano com um todo, incluindo o orgânico, recusando um pouco mais essa dicotomia artificial do que é psicológico, do que é biológico, quer dizer juntamos essas duas coisas como partes de um mesmo processo. E mais recentemente, dentro da psicologia humanista, a partir da psicologia transpessoal, dentro da psicologia humanista, nós temos nos dado conta de que as dimensões humanas precisam incluir a dimensão espiritual.[45]

A sensibilidade da renomada estudiosa acena para essa importante esfera, que ainda deixa a desejar, ficando praticamente negligenciada dentro do postulado da Psicologia.

No intuito de melhor elaborar o luto, a pessoa busca um suporte, seja ele qual for, sempre visando atenuar sua dor, sua angústia, entre eles: a rede social, os familiares, os terapeutas, medicamentos, em alguns casos, mas, sobretudo, buscam o suporte da religião, procurando na espiritualidade conforto para acomodar sua dor. Estudos na área de luto realizados após o atentado às Torres Gêmeas nos EUA demonstraram que 90% dos enlutados buscaram na religião desenvolver uma forma de espiritualidade que melhor lhes auxiliasse a suplementar a dor da perda.[46]

Em se tratando de Brasil, dados apontam, em pesquisas recentes, o alto índice daqueles que se consideram afinados com uma espiritualidade: 83% consideram a religião como algo relevante para a sua vida; 37% dizem frequentar ao menos uma vez por semana algum tipo de atividade religiosa; apenas 5% dizem não possuir uma espiritualidade, uma religião.[47]

---

[45] KOVÁCS, op. cit., p. 76.
[46] LUCCHETTI, G; LUCCHETTI, A. L.G. Luto e Espiritualidade. In: SANTOS, Franklin Santana; SCHLIEMAN, Ana Laura; SOLANO, João Paulo Consentino (Org.). **Tratado Brasileiro sobre perdas e luto**. São Paulo: Atheneu Editora, 2014. p. 217.
[47] Ibid., p. 218.

A espiritualidade como uma variável da saúde tem sido demonstrada desde os tempos mais longínquos; foi, no entanto, a partir dos anos 80 que começamos a perceber uma robusta investigação de caráter científico considerando essa variável, ou seja, a importância da vivência de uma espiritualidade no processo de qualidade de vida e saúde ou como suporte que ajuda a reerguer aqueles que foram assolados por uma imensurável dor existencial.

Que ganhos são demonstrados nas pesquisas? O resultado é extremamente surpreendente em tais pesquisas, nominadas "Espiritualidade baseada em evidências". Os renomados pesquisadores: Giancarlo Lucchetti, Franklin Santana e Alessandra L.G. Luchetti, notaram que as pessoas que professam uma religião ou vivem uma espiritualidade estão conseguindo uma menor prevalência de depressão e de ansiedade, havendo menor taxa de suicídio.

Possivelmente foram estudos como esse e tantos outros dados demonstrados em pesquisas que levaram a OMS a reformular o conceito de saúde, acrescentando a variável espiritual, ou seja, "saúde como um estado completo de bem-estar físico, mental, social e espiritual".

Portanto, inúmeros estudos têm demonstrado que a espiritualidade vivida pelo enlutado tem sistematicamente freado o processo depressivo. Além disso, os estudos também evidenciam uma correlação entre enlutados e depressão, sobretudo quanto aos lutos "prolongados".

Temos uma vasta literatura que aponta para a importância da religião/espiritualidade na vida da sociedade, a ponto de afirmar que ainda não foi descoberto nenhuma espécie de civilização sem sua expressão de sentimentos religiosos.[48] Desse modo, parece justificar que, como civilização, temos em nosso

---

[48] BRIGHETO, A. C., INCONTRI, D. A Religiosidade Humana, a Educação e a Morte. In: SANTOS Franklin. S.; INCONTRI, Dora (Org.). **A arte de morrer:** visões plurais. v. 1. Bragança Paulista: Comenius, 2009.

DNA um "coração espiritual", por isso, quando somos estraçalhados pela dor do luto, buscamos nossa recomposição por meio da pulsação desse "coração espiritual" e a ele devemos a nossa resiliência, a retomada do desejo de continuar o suspiro existencial, embora na ausência da pessoa que fez um sentido imensurável na nossa vida. Parece ser uma fonte ancestral que, ao sentirmos a sede pelo sentido da vida, nela seremos saciados. Seria essa uma das possíveis justificativas de tantos enlutados reaproximarem-se de tal fonte ancestral? Deixemos para futuras especulações.

Enfim, essa passa a ser mais uma questão que ficará em aberto. No entanto pesquisas de renomados autores têm deixado cada vez mais evidências de que praticantes das mais diversas expressões religiosas têm apresentado saúde mental e física melhor do que a população em geral. "Diversos estudos demonstram os benefícios do envolvimento religioso/espiritual, não podendo mais tal temática ser negligenciada pela medicina"[49] ou qualquer ramo do saber.

3.1.2 Na esfera psicológica

Nesse vasto campo do saber, se assim podemos dizer, encontra-se uma gama de manifestações que apontam para um emocional[50] extremamente abalado. Entre os mais comuns, estão a irritabilidade, a tendência depressiva, o choque, o entorpecimento e a ansiedade.

No que se refere à irritabilidade, lembro-me de uma mãe que dizia: "depois da morte de minha filha, estou bastante agressiva, parece que tudo me ofende, fico irritada com pouca coisa e costumo descarregar minha raiva em pessoas que não têm nada a ver".

---

[49] SAPORETI, L. A. Espiritualidade em Cuidados Paliativos. In: SANTOS, Franklin Santana (Org.). **A arte de morrer** – visões plurais: v. **2**. Bragança Paulista: Comenius, 2009. p. 171.

[50] BOWLBY, J.. **Formação e Rompimento dos Laços Afetivos**. São Paulo: Martins Fontes, 1997.

Estudiosos[51] têm percebido que a ansiedade e a tensão são os sintomas mais comuns nas queixas dos enlutados nos consultórios médicos. A eles associam-se sintomas psicológicos: de caráter afetivo, desespero, estresse, raiva, angústia, hostilidade; de caráter cognitivo, sensação de presença do falecido, baixa autoestima, ideação suicida, dificuldade de concentração; na esfera comportamental, fadiga, hiperatividade, busca, choro, lamentação.

Apesar da manifestação de tais sintomas, não se pode considerar o luto como uma doença, mas, segundo alguns especialistas,[52] são esses sentimentos que de fato o definem como luto, e que, portanto, precisam ser manifestados e processados conscientemente para sua saudável elaboração.

A ausência de uma manifestação de sintomas que normalmente ocorrem em pessoas enlutadas pode implicar a posteriori surgimentos de quadro doentios.

Dessa forma, cabe ao enlutado iniciar um processo da readaptação ao mundo, com toda a angústia que lhe é peculiar, agora consciente de que alguém que tanto ama não mais estará na mesma estação, pois já foi deslocado para outra.

Singular é a visão de Ernest Becker,[53] ao considerar o filósofo Kierkegaard como o singular psicanalista que antecedeu o próprio pai da Psicanálise – Freud. Para ele, o filósofo com sua visão de homem, fundada no mito da Queda, em que, segundo a mitologia bíblica, Adão e Eva foram expulsos do Paraíso. Esse postulado, segundo Becker, contém o entendimento básico da Psicologia, ou seja, a visão de que o homem é a união de contrários, de auto-

---

[51] SANTOS, F. S. Luto e Saúde Física. In: SANTOS, Franklin Santana; SCHLIEMAN, Ana Laura; SOLANO, João Paulo Consentino (Org.). **Tratado Brasileiro sobre perdas e luto**. São Paulo: Atheneu, 2014. p. 90.
[52] SOLANO, J. P. C. Luto e Saúde Mental. In: SANTOS, Franklin Santana; SCHLIEMAN, Ana Laura; SOLANO, João Paulo Consentino (Org.). **Tratado Brasileiro sobre perdas e luto**. São Paulo: Atheneu, 2014. p. 95.
[53] BECKER, op. cit.

consciência e de corpo físico. A ele lhe foi dada a consciência de sua individualidade, de sua divindade parcial na criação, a beleza e o caráter ímpar de seu rosto e de seu nome. Simultaneamente, foi-lhe dada a consciência do terror e de sua morte.

Diz o renomado estudioso, "a queda na autoconsciência, a saída da confortável ignorância na natureza, acarretou uma grande penalidade para o homem: pavor ou angústia".[54] Para Kierkegaard,[55] o homem é a síntese do "espiritual e do físico". Sua angústia advém de sua ambiguidade e completa incapacidade de dominar essa ambivalência, de ser francamente um animal ou um anjo.

3.1.3 O social ameaçado

Uma das consequências do luto, não muito rara, é a vontade de se isolar, sendo constante na fala dos enlutados: "não tenho mais desejo, prazer em sair de casa". Essa dimensão social ameaçada torna-se algo que evoluiu com o próprio homem. Pois nem sempre foi assim. Para o homem da caverna, nos primórdios da evolução humana, a morte definitiva não existia; o ser humano continuava sua vida em outro mundo. A certeza dessa convicção, advinda do reino vegetal, é que aquilo que parece morto hoje amanhã renasce; além do mais, as lendas, cultos e cerimônias reforçavam essa concepção. O falecido era enterrado na posição fetal, a fim de que seu nascimento fosse facilitado.[56]

No que diz respeito à dimensão da Sociologia, o sentir indisposto para reatar o convívio social é algo bastante acentuado nos enlutados. Em alguns parece acontecer um esfacelamento dos principais traços da identidade que possuíam, tornando-se quase irreco-

---
[54] Ibid., p. 95.
[55] Idem.
[56] SANTOS, F. S. Tanatologia – A Ciência da Educação para a Vida In: SANTOS, Franklin Santana (Org.). **A arte de morrer** – visões plurais: v. 2. Bragança Paulista: Comenius, 2009.

nhecíveis dentro do seu grupo social. O desejo de se isolar é algo que não quer calar no mundo desmoronado do recém-enlutado.

Entre muitas razões que podem corroborar tal comportamento, uma pode ser considerada de grande relevância: o ciclo de convivência esquiva-se de oferecer algum tipo de ajuda, por imaginar que essa postura é de profundo respeito à dor do enlutado ou, ainda, evitam até mesmo tocar no assunto com a pessoa enlutada, por receio de ser contaminado pela angústia que emerge da finitude humana. Tal postura, em alguns casos, contribui para agravar o estado de impotência e isolamento em que se encontra o enlutado. Por outro lado, acontece por falta de habilidade de lidar com o processo da morte e do morrer do outro, mas também de si próprio.

Enfim, diante dessa apatia para a convivência com o outro, o apoio social torna-se imprescindível para a retomada do gozo da vida e para o enfrentamento do luto. Apoio esse entendido como "informação que leva as pessoas a acreditarem que são amadas, cuidadas, estimadas e valorizadas".[57]

3.1.4 Alterações do fisiológico

A esfera do fisiológico passa também por grandes turbulências: choro repentino; dores gástricas; aceleração dos batimentos cardíacos; vulnerabilidade orgânica; alterações no sono; aperto no peito.[58] Dizia-me uma mãe que perdera o filho afogado: "depois que meu filho partiu, nunca mais tive saúde, sinto diversas dores que antes não sentia: são dores nas costas, estômago, até no peito passei a sentir".

---

[57] SANTOS, S. R. B. A teoria do Apego e do Luto. In: SANTOS, Franklin Santana; SCHLIEMAN, Ana Laura; SOLANO, João Paulo Consentino (Org.). **Tratado Brasileiro sobre perdas e luto**. São Paulo: Atheneu, 2014. p. 105.
[58] PARKES, op. cit., p. 54.

Todas essas esferas e postulados dividem-se apenas de maneira didática, mas as suas fronteiras estão entrelaçadas simbioticamente. Essa gama de manifestações aponta não só para a complexidade do mundo do enlutado, como uma oportunidade de corrigirmos as rotas equivocadas que possivelmente tenhamos enveredadas, tais como: crença de que somos "eternos", o processo da morte e do morrer, sempre é algo que diz respeito ao outro, a fática ilusão de que a perda das pessoas que amamos é algo distante, enfim, subestimar o impacto desolador que o luto pode provocar.

À medida que ampliarmos o nosso horizonte ainda nublado com os mais diversos ramos do saber, teremos em potencial uma melhor possibilidade de ajudar a reconstrução do universo desmoronado da família enlutada.

Todas essas manifestações apontam não só para a sua complexidade, mas para que evitemos a viciosa tendência do reducionismo, ou seja, ver as manifestações do luto apenas pela ótica de um campo do saber. Convém enfatizar que elas se encontram presentes desde os tempos mais remotos da humanidade. Quanto a isso, parecem ser oportunas as reflexões de Parkes, que tem boa receptividade em todos os segmentos da sociedade, ao dizer que os estudos antropológicos não conseguiram registrar sequer uma única sociedade na qual as pessoas não mostrassem ou não manifestassem algum sinal de pesar, de luto, embora haja uma gigantesca diversidade na forma como cada uma manifesta. Excetuando, é lógico, as pessoas que não possuíam nenhuma forma de apego à pessoa falecida.

3.2 O EMERGIR DAS SENSAÇÕES E DAS EMOÇÕES

Essas manifestações descritas anteriormente expressam-se dentro de um universo familiar, que por sua vez é constituído a partir de grandes polos influenciadores: a sociedade, a cultura e o momento histórico em que se vive. Além do mais, apontam o lado trágico da morte. Possivelmente foi em razão disso que Heidegger[59] dizia que a morte é algo que ninguém pode fazer por outra pessoa. À luz desse pressuposto, diríamos que também no processo de luto encontra-se ressonância.

O desequilíbrio emocional após a perda de alguém que se ama faz emergir inúmeras manifestações. Possivelmente trata-se de uma das dolorosas experiências do universo humano. À luz do achado de Bowlby[60] – psiquiatra britânico –, é possível dizer que existe uma forte inclinação para que se venha acreditar que os indivíduos "normais" e "sadios" superem a perda de um ente querido de maneira rápida e eficaz.

Infelizmente, em se tratando de perda e de luto, as coisas não são tão simples como podemos imaginar. Isso porque, desde o primeiro suspiro existencial, o comportamento de apego de cada ser humano visa manter os laços afetivos. Consequentemente, ao serem quebrados esses laços – e a morte é expressão desse rompimento –, desencadeia-se uma série de reações. A reação parece ser sempre proporcional ao apego. Logo, o ser humano, ao ver esses laços diluídos, somatiza uma série de emoções, pois o apego tem um objetivo sublime: manter o laço afetivo, dando ao indivíduo segurança e proteção.[61]

À luz desse legado, é possível compreendermos, ainda que embrionariamente, o emergir de inúmeros comportamentos desencadeados no decorrer de um intenso período de luto.

A teoria do referido autor postula que os seres humanos, muitos primatas, mamíferos ao nascerem, possuem um inato sistema psicobiológico, que o leva a aproximar-se dos outros, em

---

[59] HEIDEGGER, M. op. cit.
[60] BOWLBY, J. **Apego e Perda**; v. 3. (Perda: tristeza e depressão). São Paulo: Martins Fontes. 1984.
[61] Ibid.

momentos de necessidade, como condição fundamental para sobreviver, proteger-se, aliviar o estresse e conhecer o ambiente. Por isso, a resolução psicológica ideal da perda, reflete a Sandra Santos, envolve duas grandes tarefas psicológicas: a primeira é "aceitar a morte da figura de apego retornado às atividades mundanas e formando novos laços e apego e a segunda, manter algum tipo de apego simbólico ao falecido".[62]

3.2.1 Embaraços

"Quando tento falar sobre ela com as crianças. Quando tento fazer isso, aflora-lhes ao rosto não o pesar, nem o amor, nem o medo, tampouco a piedade, mas a pior de todas as manifestações – o embaraço".[63] O não conseguir expressar aquilo que realmente se sente torna-se algo marcante na vida de cada enlutado. Sua perplexidade e amargura parecem intermináveis.

Esse embaraço funde sofrimento com ressentimento e suas possíveis variantes: decepção, agressividade e ódio. Faz-se necessário urgentemente dissolver a amargura do sofrimento.

A título de ilustração, emerge o caso de uma viúva que compartilhou ter ficado profundamente sentida com a morte do marido em um acidente automobilístico, até o momento que tomou conhecimento das circunstâncias do acidente, pois, a decepção e o ódio foram tamanhos que, a partir daquele momento, todos os pesares pareceram deixar de existir – o marido havia saído para se divertir com a amante, que também faleceu no acidente.

---

[62] SANTOS, S. R. B. A teoria do Apego e do Luto. In: SANTOS, Franklin Santana; SCHLIEMAN, Ana Laura; SOLANO, João Paulo Consentino (Org.). **Tratado Brasileiro sobre perdas e luto**. São Paulo: Atheneu, 2014. p. 99.
[63] LEWIS, op. cit., p. 34.

3.2.2 Angústia e desespero: duas faces da mesma dor

Angústia

Autor: Antônio Miranda

Esses são temas de grande valia para renomados pensadores como Kierkegaard, Lewis e Sartre, entre outros. O que ambos têm em comum é que veem a dor da perda, como algo que se confunde como desespero humano. São encontrados indissociavelmente no processo de luto.

Essa angústia que alavanca o desespero humano não termina com a morte. Ela surge antes, perdura diante dela e se prolonga depois dela, sobretudo naqueles que perderam os seus entes queridos – os enlutados. Mesmo para aqueles que professam que o ente querido "está nas mãos de Deus", e esse verso é escutado como muita frequência quando se está diante de um enlutado, mesmo tendo essa certeza, ainda persiste a angústia.

A impotência diante da morte, mesmo em tempos contemporâneos, continua sendo um grande núcleo gerador de angústia e desespero ao ser humano. Um grande suplício, afundando-nos na autodestruição; desejo de aniquilamento; portanto o trágico não é propriamente a morte, mas o desespero perante ela. Este desestabiliza a todos: os crédulos ou incrédulos, dos psicanalistas freudianos aos transcendentais humanistas.

Nada há mais desesperador ao humano do que a consciência de que ao morrer "tudo estará acabado". Ou como disse o filósofo dinamarquês: "O homem desesperado não faz portanto mais do que construir castelo no ar e bater-se sempre contra moinhos de vento."[64]

Em muitos momentos, o desespero do enlutado diante da morte do ente querido, ou mesmo de apenas sua iminência, deixa-o além de vulnerável, extremamente irracional. As palavras de Kierkegaard encontram ressonância na vida daquele que foi assolado pelo luto.

Angústia é, de fato, um dos adjetivos que nomeiam com precisão cirúrgica o estado de sofrimento dos enlutados. Todavia não é algo exclusivo do mundo dos enlutados, mas faz parte da condição humana. Por isso, tornou-se de matéria de grandes e sublimes discursões filosóficas. Kierkegaard a concebe na perspectiva da salvação. A incerteza da salvação é algo gerador de angústia ao homem que teme a Deus. Sartre, o grande existencialista, reflete sobre a perspectiva da liberdade. O estado de liberdade do homem o deixa angustiado, pois agora será para sempre responsável pelos seus atos, não podendo mais culpar o velho Adão, segundo o filósofo. Já para Heidegger, o elemento

---

[64] KIERKEGAARD, S. **O desespero humano**. Tradução de Carlos Grifo, Maria Jose Marinho e Adolfo Casais Monteiro. São Paulo: Abril Cultural, 1979. p. *232*. (Col. Os Pensadores).

gerador de angústia é a consciência da morte. E o ser humano é o único animal que tem essa consciência. Portanto, a consciência de finitude é algo que nos angustia.[65]

3.2.3 E as lágrimas vieram

A Passagem
Autor: Antônio Miranda

---

[65] SANTOS, F. S. Tanatologia – A Ciência da Educação para a Vida. In: SANTOS, Franklin Santana (Org.). **A arte de morrer** – visões plurais: v. **2**. Bragança Paulista: Comenius, **2009**. p. 14.

> Que lágrimas são essas? São as lágrimas da saudade?! Mas como pode ser da saudade se a pessoa que dizemos que tanto amávamos não era valorizada, escutada, acariciada!
> Que lágrimas são essas? São as lágrimas do remorso?!
> Que lágrimas são essas? São as lágrimas do alívio?!
> Que lágrimas são essas? São as lágrimas mascaradas da indiferença, do descaso?!
> Que lágrimas são essas? São as lágrimas do arrependimento?!
> Oh, não! Que lágrimas são essas? São as lágrimas do sangramento, da dor. As lágrimas da alma ferida e de um coração vazio, por ter tido a certeza de que, agora em diante, jamais terei a possibilidade real de demonstrar as minhas afeições, o quanto o admirava. São as lágrimas por ver desaparecer do palco da vida um ator que para os outros até podia ser anônimo, coadjuvante, mas para mim era o ator principal.
> (Autoria própria).

As lágrimas podem lavar os escombros de muitas mágoas acumuladas. Para a ciência da mente humana, é um grande fator de alívio, uma vez que costumamos represar inúmeros sentimentos, fazendo do nosso ser um cárcere dos nossos nobres sentimentos. O emergir das lágrimas aponta para o possível rompimento das algemas que mantinham as nossas emoções encarceradas. Portanto, não nos é permitido coibir o aflorar desses sentimentos, nem sequer duvidar de sua autenticidade. As lágrimas fluidas nesse momento peculiar e dolorido do luto poderão gerar oportunidade para o recomeço de uma nova encenação no palco da existência.

O fluir das lágrimas expressa, sobretudo, que as emoções deixaram de ser petrificadas e são fortes indícios de que os sentimentos represados estão dando vazão para uma nova etapa do existir humano, não mais marcado pela rigidez e pela indiferença, mas pela autenticidade e pela sensibilidade. Enfim, são expressões nobres e sublimes da alma humana. Posteriormente retomaremos essa temática, pontuando a importância de as lágrimas não ficarem retidas, recalcadas.

3.2.4 Sofrimento em espiral

Os sofrimentos causados pela partida do ente querido são muito agudos, a ponto de abstrair de alguns enlutados uma porcentagem significativa da sua energia psíquica. O desprazer em continuar o suspiro existencial torna-se uma constante, a ponto de não se ter certeza de que o melhor é viver. Todos os dias são semelhantes, pois a única coisa que acontece é a imensa saudade da pessoa amada que se foi. Isso me lembra do caso descrito anteriormente da mãe que chegava a visitar a cova do filho morto em acidente sete vezes por semana, nos primeiros meses, e após um ano e dois meses, ainda fazia três visitas semanais.

Esse movimento, que chamamos de espiral, remete-nos ao forte sentimento vivido por Lewis:

> [...] nessa noite, todos os infernos do luto imaturo abriram-se de novo [...] o amargo ressentimento, a irrealidade do pesadelo, o mergulho nas lágrimas [...] prossegue-se emergindo de uma fase, mas ela sempre volta. Vai e volta. Tudo se repete.[66] .

Essas palavras de Lewis muito se assemelham aos sentimentos de inúmeras famílias enlutadas, quando estas assim se expressaram: "não consegui ainda, e não sei se vou conseguir viver sem ele, está sendo muito difícil. Tudo que faço penso nele". Esse testemunho revela-nos um momento acentuado do luto, em que não há lugar ainda para a sua elaboração. Os sentimentos, ou melhor, o que restou da vida está por completo submergido no sangramento da dor.

---

[66] LEWIS, op. cit., p. 74.

4

O LUTO E A ORIENTAÇÃO FAMILIAR

Lágrimas
Autor: Antônio Miranda

    Após essa significativa experiência com as famílias enlutadas e a vasta literatura pesquisada, sem ter a pretensão de exaurir as possibilidades de suavizar a dor do luto, nem esgotar sua compreensão, faz-se pertinente delinear alguns elementos que poderão contribuir para humanizar a dolorida experiência do luto, isto é, se isso for possível. Todavia cada um que se depara com essa dor, com essa experiência, entre muitos achados, deverá sair com a certeza de que também é mortal.

4.1 UMA RELAÇÃO DE AJUDA

Diríamos que uma das condições *sine qua non* para que se possa desenvolver com sensatez atividades voltadas para o campo de ajuda às pessoas enlutadas é, em primeiro lugar, tomar ciência dos sentimentos que afloram a partir da perda, podendo o enlutado, ao desencadear uma intensa dor, dar um passo rumo à elaboração. Essa condição é, de fato, extremamente relevante, sobretudo na contemporaneidade, em que é negado ao sujeito a possibilidade de se emocionar, de expressar seu sofrimento. Isso é ilustrado de maneira nítida, embora inconveniente, no adágio popular "homem que é homem, não chora". Infelizmente, esse "conter" tem sido apontado por alguns estudos como um fator desencadeante de algumas enfermidades, entre elas o afloramento de casos depressivos, culminando em um eventual luto complicado/prolongado.

Pela escuta das famílias enlutadas, especificamente as mães, foi possível perceber que algumas, em um espaço de tempo não muito longo, conseguem retomar grande parte de suas atividades rotineiras, chegando até a reatar os laços da convivência social. Sobre elas, é possível afirmar que viveram o que chamamos de "luto saudável" ou, caso prefiram, luto normal, em que a dor da perda foi sendo atenuada em curto espaço de tempo, pela constituição de nossos vínculos e, sobretudo, pelo desenvolver de novos afazeres.

Todavia, para inúmeras outras mães enlutadas, esse processo é mais alongado, intenso, além de dolorido e penoso. A relutância em não aceitar a ausência para sempre de um filho torna-se um grande empecilho para reatar os laços com o real do cotidiano. Esse processo demasiadamente alongado e de intensa dor é denominado na literatura de "desordem do luto prolongado", nomenclatura já mencionada e explicitada em capítulo anterior, ou seja, o elemento vinculante permanece extremamente grudado ao ente querido, que, não estando mais entre aqueles que continuam o suspiro existencial, não possibilitará que mãe enlutada restitua suas forças psíquicas em vista de seu bem-estar, levando-a a desencadear inúmeras reações de sentimentos, tais como ambivalência, negação e fixação pelo passado, desencadeando, assim, um acentuado desequilíbrio comportamental e psicossocial.

4.2 ORIENTANDO

O orientar não é primeiro passo a ser dado, como equivocadamente podemos imaginar, mas encontra-se entre os últimos. Antes dele, há uma série de outros passos que dão a ele sustentação.

Para uma orientação, precisa-se um deslocamento, tendo este via de mão dupla, tanto do orientador quanto da família orientada.

Não se trata apenas de um movimento físico, mas, sobretudo, de sentimentos, afetos, compreensão e sensibilidade.

Enfim, o orientar é mais uma postura de "estar com" do que um gesto de semear certas primícias e fazer devaneios e elucubrações.

4.2.1 Acolher

Esse primeiro passo é fundamental para que venham a ocorrer os subsequentes. O orientador nunca deve deixar passar despercebido que está diante de alguém com uma ferida aberta e ininterruptamente sagrando, doendo.

Deve lembrar que tanto os membros da família enlutada quanto o ente querido possuem um nome. Apesar de ter morrido, ele continua fazendo história. Mesmo ausente fisicamente, simbolicamente está mais presente do que nunca. Convém aqui lembrar que o morrer é totalmente distinto da concepção jurídica, na qual implica consequentemente uma extinção por completo dos direitos e deveres, um esfacelamento da identidade.

Portanto, no processo de orientação dos enlutados, o ente querido continua tendo uma identidade, um nome. E, assim, deve-se fazer menção ao nome da pessoa, e não apenas a termos vazios de significado: *morto*, *defunto*...

Essa forma de se relacionar com a família enlutada vai levá-lo a uma aproximação, abrindo um canal de comunicação. Além disso, possibilitará sair do cubo de gelo no qual, em momentos não muitos raros, encontramo-nos quando necessitamos do auxílio de um profissional.

4.2.2 Escuta empática

Acolher e escutar empaticamente são atitudes indissociáveis e se encontram separadas apenas em vista de fins didáticos. Se não houver uma afetiva acolhida com uma sincera e atenciosa escuta empática, não existirá possibilidade de se efetivar uma orientação familiar ou uma relação de ajuda ao enlutado.

Uma das atitudes de denso relevo diante da morte de um ente querido é a escuta atenciosa da pessoa enlutada. Os efeitos da escuta são notórios no cotidiano da vida. Inúmeras vezes somos surpreendidos após dedicarmos algum tempo para escutar alguém, sem sequer falarmos uma só palavra, e a pessoa a qual escutamos nos agradece calorosamente por significativa ajuda recebida, pois já se encontrava aliviada.

De fato, em inúmeros casos, as pessoas precisam apenas de alguém que as escute para que possam reorganizar seu mundo desmoronado. A procura de alguém que os escute acontece paralelamente à busca incansável do ente querido que se foi. Como não será possível atingir o objeto da busca, encontrar o objeto da procura parece bastar. A experiência do IML demonstrou que esse enunciado tem a sua razão de ser.

Escutar alguém, em qualquer circunstância, é sobretudo uma atitude de demonstração de profundo interesse e acolhida em relação à experiência do outro. Em se tratando de escuta dentro de um processo de elaboração do luto, essa escuta ganha um significado mais sublime ainda, pois, é o momento, entre todas as experiências, que o ser humano demonstra estar mais vulnerável. Ao perderem pessoas que de alguma forma marcaram suas vidas, os indivíduos sentem uma profunda e incontrolável necessidade de falar, de descrever como aquela pessoa marcou a sua vida, como morreu, seus últimos momentos de existência.

A densa carga emocional com que descrevem os fatos e detalhes nos faz perceber o quanto estão tomados pela dor. À medida que vão falando e sendo escutados atenciosamente, ou seja, com interesse e atenção, seu mundo antes desmoronado paulatinamente encontra um novo significado. A densa carga emocional que os marcara parece começar a se diluir, emergindo gotas de alívio; em gotas, mas o suficiente para voltarem a trilhar o percurso existencial. Na inviabilidade de serem escutados, de partilharem essa experiência angustiante, a continuação da caminhada existencial será muito mais desafiadora, e o processo de reestruturação será muito melindroso, enquanto que a possibilidade de desencadear o luto patológico com as suas consequências será iminente.

4.2.3 Escuta humanizadora

O simples fato de estar com o enlutado já pode ser considerado como um atenuante de sua dor. Em muitos momentos, o enlutado não deseja ouvir quem quer que seja, mas isso não implica ficar sozinho, pois deseja ardentemente estar ao lado de alguém. Essa postura, atitude, tende a fertilizar-se mais ainda com campo de atuação do orientador. E uma de suas funções é, por assim dizer, estar ao lado daquele que está com sua ferida aberta, ajudando-o estancar o sangramento, suavizando a sua dor. Diante dessa dor, as palavras do orientador têm um papel secundário, pois sua presença é o suficiente. Portanto, deve-se evitar a sedução quase irresistível da logorreia, pela qual temos fortes pulsões.

A escuta é um autêntico instrumento para acalentar a dor do luto. E para que de fato essa função seja cumprida com autenticidade, aquele que escuta, aquele que orienta, em um primeiro momento, precisa aprender a ver o mundo com os olhos do enlutado. A sua função não é a priori demonstrar racionalmente as incongruências, nem mesmo rechaçá-las, mas apenas estar empaticamente ao seu lado e compreendê-lo.

Uma escuta autêntica tende a dissipar a pior ameaça do enlutado: a solidão. Portanto, ela vai além do apenas ouvir. Escutar implica, sobretudo, sintonizar metaforicamente a letra e a melodia da canção do enlutado. Não basta apenas escutar as palavras, faz-se necessário perceber de que forma foram ditas, sua carga emocional e sua intensidade, bem como suas repetições. Essas variáveis funcionam como as notas que dão harmonia à melodia da canção.

Partindo do pressuposto de que tudo que é relevante tende a se repetir, na fala do enlutado, por conseguinte, passará a ser visto como o tema central que merece ser elencado como o foco a ser explorado, compreendido, pois aí possivelmente estará a barreira de contenção que impede o processo de elaboração normal do luto.

Outra nota da melodia que não pode passar despercebida na escuta é a percepção de que aquilo que tem uma acentuada importância para o enlutado é proferido com uma forte carga emotiva. Poderá lacrimejar no momento da explanação, tremular a voz, fazer pausa contemplativa, pensando naquilo que pode ou não dizer, ou seja, a cada instante que proferir algo que o marcou profundamente, sua melodia sofrerá uma acentuada oscilação, revelando que é realmente ali que se deve direcionar uma aguçada ajuda.

4.2.4 Falando da importância de não reter as lágrimas

Chorar é algo comum em um processo de luto e de perda. Embora alguns transpareçam com certa espontaneidade, outros mais retraídos simulam uma inequívoca postura de um "super--homem" incapaz de se emocionar, ou mesmo uma mulher reconhecida como uma pedreira, a ponto de essa rocha não emergir uma gota de lágrima.

Todavia ambos podem não se dar conta que chorar, além de ser algo extremamente humano, tem um benéfico incalculável: sensação de alívio e relaxamento, demonstrando aos outros o profundo apreço que possuía pelo ente querido, com o qual possuíam fortes laços de afeto e admiração. Enfim, as lágrimas também têm um imensurável poder terapêutico.

Temos consciência de que as lágrimas são resultado dos sentimentos que se têm pelo ente querido e que possuem um estimado poder terapêutico. Entretanto ainda é comum perceber que alguns sentem vergonha de chorar. Outros, na intenção de atenuar a dor do enlutado, desastrosamente pedem para que não chore. Talvez seja o pior de todos os pedidos possíveis de se fazer a um enlutado.

As lágrimas são resultado de sentimentos drenados. Possibilitar que venham a fluir poderá ser uma das mais sublimes manifestações de apreço não apenas àquele que deu o último suspiro, mas sobretudo, ao próprio enlutado. Elas poderão ser o prenúncio de quanto o enlutado é humano. O agir de maneira empática, acolhedora, poderá ser uma significativa contribuição para atenuar o peso e a dor do sofrimento.

As gotas de lágrimas que descem no rosto entristecido de cada enlutado têm um elevado poder de remover aquelas atitudes ríspidas e rancorosas, contribuindo, em muitos casos, para o desencadeamento de um processo de profundas mudanças, tornando-o mais solidário, compreensivo, empático, enfim, mais humano.

4.3 UM CASO DE ORIENTAÇÃO FAMILIAR EM PROCESSO DE LUTO

A Orientação Familiar, diante de uma demanda de luto, terá uma peculiar função: contribuir fundamentalmente auxiliando a reconstrução do mundo desmoronado da família enlutada. Para tanto, faz-se necessário oferecer um espaço onde a família enlutada possa se sentir amparada e acolhida, e expressar suas angústias, seu mundo interno, temores, sentimentos, sem que sejam recriminados ou inibidos e sem a desumana pressão de voltar à normalidade dos afazeres e da vida.

Outra função que nos parece pertinente à Orientação Familiar diz respeito ao suporte que deve ser dado à família em vista da busca do sentido da vida. É muito comum escutar das pessoas enlutadas a expressão "a vida não tem mais sentido", portanto é sintonizada com esse vazio, com essa dor imensurável, expressa pela falta de sentido da vida, que a orientação irá contribuir para que a família desenvolva ferramentas emocionais, estruturantes, capazes de amenizar o impacto da perda e, sobretudo, de fazer um redirecionamento no seu percurso existencial.

Para que tenhamos uma melhor compreensão dessa desafiadora função da Orientação Familiar, sobretudo, em casos peculiares como o processo de luto, trago um atendimento que ilustra a pertinência do enunciado.

Filha chega acompanhada da mãe, solicitando atendimento, dizendo que a mãe, há três meses, perdeu o filho caçula de 18 anos assassinado e que se encontra sofrendo muito, e a família não sabe como ajudar, pois todos ainda sofrem muito, mas o sofrimento da mãe parece ser maior.

Depois de serem acolhidas, convido-as para uma sala onde possam sentir-se mais à vontade para partilhar essa imensa dor. Ao adentrarmos a sala, após nos apresentarmos, solicito que falem um pouco do acontecido.

> **Mãe:** *Meu filho foi assassinado pela polícia junto com um colega, deram sete tiros nele e cinco no colega. Ele estava com mais dois amigos, colegas, quando foram interceptados, abordados pela policia, onde um fugiu e dois foram detidos pela polícia, que pediu três mil reais para soltá-los. Como eles falaram que não tinham como conseguir, foram barbaramente, covardemente executados.*
> **Filha:** *Os policiais são canalhas, bando de covardes!*
> **Mãe:** *Não é fácil, a gente vai buscar uma coisa e ai encontra outra... Eu nunca tinha ido à delegacia, quando me falaram pra eu ir lá, eu fui lá pensando que meu filho estava preso, que já não era fácil, no entanto, encontro morto. Foi isso...*
> *(silêncio... lágrimas)*
> **Orientador:** *Não tem uma dor que possa ser comparada a dor de uma mãe que perde um filho. Deixa uma grande ferida aberta na família, todos sofrem.*

Mãe/filha: Fazem um movimento com a cabeça, afirmativamente!

Orientador: *nesses últimos dias, além dessa dor, dessa saudade do filho, o que mais você tem sentido, que gostaria de partilhar?*

Mãe: *Esse final de semana eu me estressei, não queria ver filhos, marido, vizinho, não queria ver ninguém. Depois eu fui ver que não tinha sentido, não tinha uma razão pra ficar daquele jeito, revoltada.*

Orientador: *Você ficou revoltada, também com Deus?*

Mãe: (abre um leve sorriso), *isso mesmo. Algumas colegas falaram pra buscar conforto em Deus, mas eu disse: Deus também parece que me abandonou... (pausa silêncio)... também achei que meu marido estava me traindo, mais isso era só da minha cabeça.*

Orientador: *Então, você se sentiu traída?*

Mãe: *Sim.*

Orientador: *Quando você falou que foi à delegacia, porque alguém te falou que seu filho estava preso, e quando você chegou lá na realidade ele já estava morto. Isso também não foi uma traição?*

Mãe: *Ah! Sim! Eu me senti traída, é verdade!*

Orientador: É possível falar de algum momento de sua vida, que você sentiu sensações desagradáveis como as que têm sentido ultimamente.

Mãe: (pausa) *Eu já passei por um momento muito difícil. Quando eu casei, já tinha dois filhos (gêmeos), eram recém-nascidos. E ele* (marido) *tinha sete filhos, o mais velho tinha 15 anos, era apenas dois anos mais novo do que eu. Eu era muito nova. Meu marido já tinha 45 anos na época. Pouco tempo depois que eu tive o terceiro filho. Passei três meses em uma profunda depressão: não queria ver ninguém, quando mais escuro pra mim era melhor, não tinha apetite, fiquei magricela. Naquela época as pessoas diziam que eu ia morrer. Teve um dia que meu marido chegou de viagem – tinha um caminhão que fazia frete – colocou as crianças menores no carro e eu, dizendo, vamos embora,* aqui não dá mais pra morar. Saímos sem saber pra onde. Depois de muito tempo paramos numa cidade, onde ele foi pra debaixo do caminhão com algumas crianças e eu fiquei na cabine com os outros. Depois de um período, ele me perguntou se eu não conhecia ninguém, eu falei que há muito tempo tinha tomado conhecimento que naquela cidade havia uma enfermeira, que ajudava muito as pessoas. Com isso ele saiu tentando localizar o hospital, quando chegou ao hospital perguntou pelo nome da enfermeira, falaram que ainda trabalhava ali. Eles se encontraram, e ela disse que queria me ver, que ele me levasse a casa dela naquela noite. O certo que fomos pra casa dela, e ela não mais me deixou sair. Só sai quando estava boa.

Orientador: *Você se sentiu acolhida pela mulher – enfermeira, e também pelo marido, que começou a te dar atenção.*

Mãe: *Isso mesmo, agora começo imaginar que foi isso que me ajudou a sair daquele buraco que tinha entrado.*

Orientador: *Naquela época, além desse fato, você se lembra de algo que aconteceu que te marcou profundamente?*

Mãe: *Deixa ver (fixa o olhar para teto) depois de alguns segundos diz: na época eu tinha perdido o meu avô, quando eu estava grávida do meu terceiro filho, ele dizia muito que queria ver o bisneto, e quando a criança nasceu, por alguma dificuldade eu não consegui levar para que ele visse, pois ele morava em outra cidade. Ao saber da morte dele, aquilo me deixou com certo desespero, desânimo, com sentimento de culpa, pois ele queria tanto ver a minha filha.*

Orientador: *Então, logo depois desse fato – morte de seu avô - você entrou em depressão?*

Mãe: *Sim.*

Orientador: *essa depressão aconteceu, logo depois de uma perda, portanto, durante um período de luto?*

Mãe: *Foi.*

Orientador: *Hoje você também está com medo de ficar depressiva, nesse período de perda, de luto, que está passando? É isso?*

Mãe: (abre um sorriso) *isso* (gesticula afirmativamente com a cabeça), *tenho muito medo, não quero mais passar por isso. Naquele período eu vegetava, não vivia. E as pessoas sempre me dizem isso, não vai entrar em depressão! Naquela época eu sofri muito.*
Chegando ao término da orientação, ao nos despedir a mãe comenta: "a nossa conversa foi muito boa!".
Filha: *Muito obrigada, estamos mais aliviadas!*

Podemos inferir que a capacidade de aceitar a perda está diretamente relacionada ao modelo familiar e às habilidades individuais, e que fatores de personalidade estão relacionados com a forma que é afetada a habilidade da pessoa de lidar com o estresse emocional e sua adaptação à situação de perda.

Adaptação não significa nesse contexto uma resolução completa e definitiva da perda, mas a descoberta de maneiras de colocar a perda em perspectiva e seguir em frente, pois a forma com que vivemos interfere no nosso comportamento diante da morte.

A Orientação Familiar deverá contribuir para a diminuição não da saudade, mas da angústia, para a melhoria do sono e do apetite, e, sobretudo, para a não desistência de continuar o seu percurso existencial. À luz desse enunciado, parece-me oportuno e sensato afirmar que a capacidade de assimilar a perda está no centro de todas as habilidades dos sistemas familiares saudáveis, em contraste com as famílias disfuncionais que demonstram padrão de má adaptação ao lidar com perdas inevitáveis.[67]

Portanto, faz-se necessário reforçar a influência da estrutura familiar em todos os processos de desenvolvimento humano e testemunhar a descoberta dolorosa, realista e necessária de que não somos eternos, e, por mais difícil que seja a dor da perda, a vida deve prosseguir em sonhos e projetos que a preencham de signi-

---

[67] CARTER, B.; MCGOLDRICK, M. **As mudanças no ciclo de vida familiar: uma estrutura para a terapia familiar**. Tradução de Maria Adriana Veríssimo Veronese. 2. ed. Porto Alegre: Artes Médicas, 1995.

ficados no novo tempo sem a companhia e presença – corporal, em matéria – do ente querido que se foi, ou seja, é preciso ressignificar essa perda. De uma maneira ilustrativa, podemos dizer que, quando assistimos a um filme ou lemos um livro que nos toca profundamente, logo pretendemos fazer uma renovação das nossas metas. Pensamos em ressignificar a vida, dar um novo sentido que nos ajude a aprender algo novo ou que nos permita reestruturar aspectos para usufruirmos de uma vida melhor. A perda de alguém que amamos profundamente poderá ser uma oportunidade de ressignificação da vida, tanto pessoal quanto familiar.

Voltemos ao caso mencionado – morte por assassinato. Isso provoca na rede de relacionamento, de vínculos, em particular na mãe, uma dor imensurável. Sem dúvida, de uma forma geral, a morte súbita não permite que o falecido e sua rede social sejam preparados para o fato, e o estupor gera muitos sentimentos e reações peculiares, diferente da "morte esperada".

A morte de um filho abala o equilíbrio familiar, com diferentes reações entre os membros da família. A mãe – com sua dor maternal da perda – frequentemente sente culpa por achar que pode ter falhado nos cuidados maternos, uma vez que a morte de um filho é um dos acontecimentos mais difíceis de aceitar, pois contraria, por assim dizer, a lei da natureza, que reza serem os pais a "irem" primeiro que os filhos.

Com isso, diríamos que orientar uma família, uma mãe em processo de luto, em particular o luto por uma morte violenta, é uma das tarefas mais árduas e desafiadoras, pois seu desejo maior é apenas e simplesmente ter seu filho de volta, algo impossível. A intensa saudade aparece e com esta a lamentação e até queixas somáticas. A morte de um filho é capaz de provocar um *tsunami* na dinâmica familiar, abalando todo o seu equilíbrio, obviamente com as diferentes reações de cada membro da família, sendo comum a mãe, de maneira especial, sentir-se culpada por achar que não foi uma boa mãe, que não cuidou o suficiente do filho. Assim sendo, a morte de um filho é um dos acontecimentos mais temidos e difíceis de aceitar.

O estresse físico e emocional em função do luto em curso torna-se um dos obstáculos a serem equacionados no decorrer do processo de orientação familiar. Todavia será no decorrer desse processo de orientação que paulatinamente a família desenvolverá atitudes de resiliência e, assim, acomodará sua dor e dará um novo sentido à vida de cada membro e à dinâmica familiar como um todo.

Em uma relação de ajuda à pessoa enlutada, ou à família como um todo, faz-se necessário, sobretudo, ver os relatos dos fatos, não a partir da razão lógica, cartesiana, mas sob a perspectiva daquele que está descrevendo, mesmo que os descreva repletos de incongruências. O respeito aos sentimentos é outra questão fundamental em uma relação de ajuda, mesmo que eles sejam suspeitos e que possam esbarrar no crivo da realidade. Isso se faz importante, pois, se a pessoa enlutada abstrair que, pelo menos, podemos compreendê-la e sensibilizar-nos com a sua profunda dor emocional, poderá haver grande possibilidade de expressar os mais incômodos sentimentos que estão borbulhando no seu interior:

> Seu profundo desejo de encontrar a figura perdida; sua esperança de que, milagrosamente, tudo possa ainda estar bem; suas recriminações raivosas e injustas contra esses médicos e enfermeiras incompetentes'; e contra o seu próprio eu culpado – se estivesse feito isto e aquilo, ou não tivesse feito isto e aquilo, talvez o desastre pudesse ter sido evitado.[68]

Como alguém que constrói uma relação de ajuda à pessoa enlutada, não podemos ter a pretensão e a autossuficiência de

---

[68] BOWLBY, op. cit., p. 128.

nos colocarmos exclusivamente como aquele que irá consertar o mundo desmoronado do enlutado, pois o singelo papel que no momento nos compete é o de ser

> [...] um companheiro pronto a oferecer todo o apoio, preparado para explorar, em nossas discussões, todas as esperanças e desejos e tênues possibilidades improváveis que a pessoa ainda acalenta, somados a todas as recriminações, remorsos e decepções que a afligem.[69]

Muitas vezes – pra não dizer quase sempre –, o que o enlutado precisa não são elucubrações, por mais sábias que possam ser, mas o que de fato necessita é de oportunidade para que possa expressar a saudade, as esperanças, os sentimentos às vezes hostis que nem seu ciclo de amigos, nem familiares poderiam entender.

Esse processo acentuado do luto é um período muito difícil, pois é um tempo de dor, de mudanças e de profundas transformações. O atendimento e a orientação à família enlutada devem levar em conta que a morte é parte integrante da vida. Mesmo as mortes chamadas de "fora do tempo" ou as de causas violentas são inerentes à própria condição de se estar vivo, e o luto é consequência de uma perda, esperada ou não. Provoca dor, tristeza, desânimo, revolta, mas se faz necessário saber que não importa quão imensurável é esse sofrimento, ele um dia será atenuado. Essa dor será também "perdida".

Será em vista da busca desse atenuante do sofrimento, da dor da família enlutada, que a Orientação Familiar viabilizará aos enlutados: uma melhor aceitação da inevitabilidade da morte; uma "ruptura" no processo de identificação com o falecido; uma progressiva equação da dor e do sentido da perda; um enfrentamento sincero da realidade da perda; uma mobilização de re-

---
[69] Ibid., p. 129.

cursos subjetivos e objetivos para lidar com essa irreversível ausência de modo menos doloroso. Enfim, possibilitará, sobretudo, um deslocamento do afeto e sentimentos para novos objetos, sejam pessoas, projetos ou atividades.

Portanto, diríamos que a Orientação Familiar no processo de luto, além de tudo que já foi elencado, visa ajudar a pessoa a lidar com os afetos expressos e latentes; ajudar a superar os vários obstáculos para se ajustar depois da morte do ente querido; encorajar a pessoa a dizer um adeus e a se sentir confortável ao reinventar novamente sua vida.

Em suma, à luz de tudo isso, estou convencido de que o papel fundamental da Orientação Familiar no processo de luto é dar amparo à família que está sendo perpassada por tão profunda dor, possibilitando que esta expresse seus sentimentos, suas emoções, sem recriminações nem censuras.

5

METÁFORAS: O PODER TERAPÊUTICO E RESTAURADOR NA VIDA DOS ENLUTADOS

Neste capítulo, será trabalhada a natureza de um dos melhores instrumentos que nos possibilitam acessar e reconstruir a alma partida, assolada pela dor do luto: a metáfora. Esse recurso no *setting* terapêutico consegue demonstrar um eficiente radar captador de frequência – dor, angústia – das famílias enlutadas, tornando empática e frutífera a relação de ajuda. Qual a razão de sua eficácia?

A metáfora tem um imensurável poder de captar e ressignificar o que há de mais oculto nos escombros da vida, quando as meras palavras advindas de silogismos racionais chegam ao seu limite. A metáfora consegue de maneira singular permitir que o outro comunique seu interior, sendo mais bem compreendido pelo interlocutor. Na relação de ajuda com as famílias enlutadas, ela tornou-se um instrumento tanto captador de angústia quanto atenuante da dor.

Como a simbologia das metáforas consegue contribuir para reorganizar o interior do ser humano que foi estraçalhado por uma imensurável perda? De fato, na etimologia da palavra *simbólica*, as metáforas são símbolos e, assim, encontramos a razão de sua eficácia, pois *simbólico* significa "aquilo que une".

As metáforas conseguem ressignificar a dor, pois tocam o coração. Ultrapassam a compreensão da razão instrumental, fazendo eco à razão sensível e cordial. Elas são instrumentos milenares, usados em diversas culturas, e trazem uma sublime sabedoria que aquece a "alma" e faz sentido ao coração.

O encanto condensado em cada metáfora permite reestruturar o coração dilacerado pela perda e transforma o mundo sem cores nem cheiro, sem sabor ou encanto, vivido pelos enlutados. Tal recurso aguça a razão cordial para o exercício da ressignificação das lembranças e dos sentimentos relacionados às pessoas que nos marcaram profundamente.

No *setting* terapêutico, torna-se útil o uso de metáforas, pois permite que muitos enlutados deem um novo significado ao seu ente querido, dando um sentido novo à vida e encontrando um novo sentido para recomeçar. Portanto, seguem algumas metáforas catalogadas em diversos meios, pois já são de domínio público, como também a contribuição lúcida com textos memoráveis de alguns poetas.

5.1 NÃO ESPERE![70]

Não espere um sorriso para ser gentil.
Não espere ser amado para amar.
Não espere ficar sozinho para reconhecer o valor de um amigo...
Não espere ficar de luto para reconhecer quem hoje é importante em sua vida...
Não espere o melhor emprego para começar a trabalhar...
Não espere a queda para lembrar-se do conselho...
Não espere a enfermidade para reconhecer quão frágil é a vida...
Não espere a pessoa perfeita para então apaixonar-se...
Não espere a mágoa para pedir perdão...
Não espere a separação para buscar a reconciliação...
Não espere a dor para acreditar em oração...

---

[70] **Não Espere**. Disponível em: <http://metaforas.com.br/nao-espere>. Acesso em: 25 maio 2017.

Não espere elogios para acreditar em si mesmo...
Não espere ter tempo para servir...
Não espere que o outro tome a iniciativa se você foi o culpado...
Não espere ter dinheiro aos montes para então contribuir...
Não espere o dia de dar adeus sem antes contar que amava...

(Autor desconhecido)

5.2 AMOR SEM ILUSÃO[71]

Conta-se que um jovem caminhava pelas montanhas nevadas da velha Índia, absorvido em profundos questionamentos sobre o amor, sem poder solucionar suas ansiedades.

Ao longo do caminho, à sua frente, percebeu que vinha em sua direção um velho sábio. E porque se demorasse em seus pensamentos sem encontrar uma resposta que lhe aquietasse a alma, resolveu pedir ao sábio que o ajudasse. Aproximou-se e falou com verdadeiro interesse:

— Senhor, desejo encontrar minha amada e construir com ela uma família com bases no verdadeiro amor.

— Todavia, sempre que me vem à mente uma jovem bela e graciosa e eu a olho com atenção, em meus pensamentos ela vai se transformando rapidamente.

— Seus cabelos tornam-se alvos como a neve, sua pele rósea e firme fica pálida e se enche de profundos vincos.

— Seu olhar vivaz perde o brilho e parece perder-se no infinito. Sua forma física se modifica acentuadamente e eu me apavoro.

— Desejo saber, meu sábio, como é que o amor poderá ser eterno, como falam os poetas?

---

[71] **Amor sem ilusão**. Disponível em: <http://metaforas.com.br/amor-sem-ilusao>. Acesso em: 19 ago. 2017.

Nesse mesmo instante aproxima-se de ambos uma jovem envolta em luto, trazendo no rosto expressões de profunda dor. Dirige-se ao sábio e lhe fala com voz embargada:

— Acabo de enterrar o corpo de meu pai que morreu antes de completar 50 anos.

— Sofro porque nunca poderei ver sua cabeça branca aureolada de conhecimentos. Seu rosto marcado pelas rugas da experiência, nem seu olhar amadurecido pelas lições da vida.

— Sofro porque não poderei mais ouvir suas histórias sábias nem contemplar seu sorriso de ternura.

— Não verei suas mãos enrugadas tomando as minhas com profundo afeto.

Nesse momento o sábio dirigiu-se ao jovem e lhe falou com serenidade:

— Você percebe agora as nuanças do amor sem ilusões, meu jovem?

— O amor verdadeiro é eterno porque não se apega ao corpo físico, mas se afeiçoa ao ser imortal que o habita temporariamente.

— É nesses sentimentos sem ilusões nem fantasias que reside o verdadeiro e eterno amor.

A lição do velho sábio é de grande valia para todos nós que buscamos as belezas da forma física sem observar as grandezas da alma imortal.

O sentimento que valoriza somente as aparências exteriores não é amor, é paixão ilusória.

O amor verdadeiro observa, além da roupagem física que se desgasta e morre, a alma que se aperfeiçoa e a deixa quando chega a hora, para prosseguir vivendo e amando, tanto quanto o permita o seu coração imortal.

Pense nisso!

As flores, por mais belas que sejam, um dia murcham e morrem... Mas o seu perfume permanece no ar e no olfato daqueles que o souberam guardar em frascos adequados.

O corpo humano, por mais belo e cheio de vida que seja, um dia envelhece e morre.

Mas as virtudes do espírito que dele se liberta continuam vivas nos sentimentos daqueles que as souberam apreciar e preservar, no frasco do coração.

Pensemos nisso!

(Autor desconhecido)

5.3 OS TRÊS ÚLTIMOS DESEJOS DE ALEXANDRE, O GRANDE.[72]

Quando à beira da morte, Alexandre convocou os seus generais e relatou seus 3 últimos desejos:

1. Que seu caixão fosse transportado pelas mãos dos médicos da época;

2. Que fossem espalhados no caminho até seu túmulo os seus tesouros conquistados (prata, ouro, pedras preciosas...);

3. Que suas duas mãos fossem deixadas balançando no ar, fora do caixão, à vista de todos.

Um dos seus generais, admirado com esses desejos insólitos, perguntou a Alexandre quais as razões.

Alexandre explicou:

---

[72] Os três últimos desejos de Alexandre, o Grande. Disponível em: <http://metaforas.com.br/os-tres-ultimos-desejos-de-alexandre-o-grande>. Acesso em: 19 ago. 2017.

1. Quero que os mais eminentes médicos carreguem meu caixão para mostrar que eles NÃO têm poder de cura perante a morte;

2. Quero que o chão seja coberto pelos meus tesouros para que as pessoas possam ver que os bens materiais aqui conquistados, aqui permanecem;

3. Quero que minhas mãos balancem ao vento para que as pessoas possam ver que de mãos vazias viemos e de mãos vazias partimos.

(Autor desconhecido)

5.4 A OUTRA JANELA[73]

A menina debruçada na janela trazia nos olhos grossas lágrimas e o peito oprimido pelo sentimento de dor causado pela morte de seu cão de estimação.

Com pesar observava atenta o jardineiro enterrar o corpo do amigo de tantas brincadeiras.

A cada pá de terra jogada sobre o animal, sentia como se sua felicidade estivesse sendo soterrada também.

O avô que observava a neta, aproximou-se e a envolveu em um abraço e falou-lhe com serenidade:

— Triste a cena, não é verdade?

A netinha ficou ainda mais triste e as lágrimas rolaram em abundância.

No entanto, o avô que desejava confortá-la chamou-lhe a atenção para outra realidade.

Tomou-a pela mão e a conduziu para uma janela localizada no lado oposto da ampla sala.

---

[73] **A outra janela.** Disponível em: <http://metaforas.com.br/a-outra-janela>. Acesso em: 21 ago. 2017.

Abriu as cortinas e permitiu-lhe que visse o jardim florido a sua frente e perguntou-lhe carinhosamente:

— Está vendo aquele pé de rosas amarelas bem ali a frente?

— Lembra que você me ajudou a plantá-lo?

— Foi em um dia de sol como hoje que nós dois o plantamos. Era apenas um pequeno galho cheio de espinhos e hoje veja como está lindo, carregado de flores perfumadas e botões como promessa de novas rosas.

A menina enxugou as lágrimas que ainda teimavam em permanecer em suas faces e abriu um largo sorriso mostrando as abelhas que pousavam sobre as flores e as borboletas que faziam festa entre umas e outras das tantas rosas de variados matizes que enfeitavam o jardim.

O avô, satisfeito por tê-la ajudado a superar o momento de dor falou-lhe com afeto:

— Veja, minha filha. A vida nos oferece sempre várias janelas.

Quando a paisagem de uma delas nos causa tristeza sem que possamos alterar o quadro, voltamo-nos para outra e certamente nos deparamos com uma paisagem diferente.

Tantos são os momentos de nossa existência, tantas as oportunidades de aprendizado que nos visitam no dia-a-dia que não vale a pena sofrer diante de quadros que não podemos alterar.

São experiências valiosas da vida, das quais devemos tirar lições oportunas sem nos deixar tragar pelo desespero e revolta que só infelicitam.

A nossa visão do mundo é muito limitada.

Se hoje você está a observar um quadro desolador, lembre-se de que existem tantas outras janelas, com paisagens repletas de promessas de melhores dias.

Não se permita contemplar a janela da dor.

Aproveite a lição e siga em frente com ânimo e disposição.

Agindo assim, o gosto amargo do sofrimento logo cede lugar ao sabor agradável de viver.

(Autor desconhecido)

5.5 O MONGE E O ANJO DA MORTE.[74]

Um monge foi visitado pelo anjo da morte; tinha chegado sua hora. Mas ele argumentou com o anjo: Tem que ser agora? Estou cuidando da horta da comunidade. Se eu for embora agora, o que os irmãos vão comer? O anjo resolveu deixar a missão para outra hora... Dias depois, voltou e o monge estava cuidando das crianças da comunidade. De novo, houve uma negociação e o anjo adiou a morte para outro momento. Voltou, uma terceira vez um mês depois e encontrou o monge, tratando carinhosamente de um doente grave. Dessa vez, nem se falaram: o monge só fez um gesto, mostrando a situação... e o anjo foi embora.

Anos se passaram, o monge continuou seus trabalhos, foi ficando velho fraco e desejou morrer. Um dia o anjo apareceu e ele se alegrou.

Disse: que alívio! Pensei que estava zangado com meus pedidos de adiamento e não me levaria mais para a vida eterna junto de Deus.

O anjo sorriu e respondeu: Eu só vou completar o final do caminho. Você já estava entrando na vida eterna quando servia seus irmãos.

(Autor desconhecido)

---

[74] O monge e o anjo da morte. Disponível em:< http://metaforas.com.br/o-monge-e-o-anjo-da-morte>. Acesso em: 10 maio 2017.

5.6 A MORTE NÃO É NADA.[75]

A morte não é nada.
Apenas passei ao outro lado do mundo.
Eu sou eu. Você é você.
O que fomos um para o outro, ainda o somos.
Dá-me o nome que sempre me deste.
Fala-me como sempre me falaste.
Não mudes o tom a um triste ou solene.
Continua rindo com aquilo que nos fazia rir juntos.
Reza, sorri, pensa em mim, reza comigo.
Que o meu nome se pronuncie em casa
como sempre se pronunciou,
sem nenhuma ênfase, sem rosto de sombra.
A vida continua significando o que significou: continua sendo o que era.
O cordão de união não se quebrou.
Por que eu estaria fora dos teus pensamentos,
apenas porque estou fora da tua vista?
Não estou longe, somente estou do outro lado do caminho.

(Santo Agostinho)

5.7 INVISÍVEIS, MAS NÃO AUSENTES.[76]

A morte não é o fim de tudo.
Ela não é senão o fim de uma coisa e o começo de outra.

---

[75] AGOSTINHO, S. **A Morte não é nada**. Disponível em: < http://www.pensador.com/textos_de_santo_agostinho/>. Acesso em: 24 jun. 2017.
[76] HUGO, V. **Invisíveis, mas não ausentes**. Disponível em: http://www.grupocasulo.org/textos.htm>. Acesso em: 23 maio 2017.

Na morte o homem acaba, e a alma começa.

Que digam esses que atravessam a hora fúnebre, a última alegria, a primeira do luto.

Digam se não é verdade que ainda há ali alguém, e que não acabou tudo?

Eu sou uma alma.

Bem sinto que o que darei ao túmulo não é o meu eu, o meu ser.

O que constitui o meu eu, irá além.

O homem é um prisioneiro.

O prisioneiro escala penosamente os muros da sua masmorra.

Coloca o pé em todas as saliências e sobe até ao respiradouro.

Aí, olha, distingue ao longe a campina, Aspira o ar livre, vê a luz.

Assim é o homem.

O prisioneiro não duvida que encontrará a claridade do dia, a liberdade.

Como pode o homem duvidar se vai encontrar a eternidade à sua saída?

Por que não possuirá ele um corpo sutil, etéreo.

De que o nosso corpo humano não pode ser senão um esboço grosseiro?

A alma tem sede do absoluto e o absoluto não é deste mundo.

É por demais pesado para esta terra.

O mundo luminoso é o mundo invisível.

O mundo do luminoso é o que não vemos.

Os nossos olhos carnais só vêem a noite.

A morte é uma mudança de vestimenta.

A alma, que estava vestida de sombra, vai ser vestida de luz.

A alma, que estava vestida de sombra, vai ser vestida de luz.

Na morte o homem fica sendo imortal.
A vida é o poder que tem o corpo de manter a alma sobre a terra, pelo peso que faz nela.
A morte é uma continuação.
Para além das sombras, estende-se o brilho da eternidade.
As almas passam de uma esfera para outra, tornam-se cada vez mais luz.
Aproximam-se cada vez mais e mais de Deus.
O ponto de reunião é no infinito.
Aquele que dorme e desperta, desperta e vê que é homem.
Aquele que é vivo e morre, desperta e vê que é Espírito.

(Victor Hugo)

5.8 PARTIDA E CHEGADA.[77]

Quando observamos, da praia, um veleiro a afastar-se da costa, navegando mar adentro, impelido pela brisa matinal, estamos diante de um espetáculo de beleza rara. O barco, impulsionado pela força dos ventos, vai ganhando o mar azul e nos parece cada vez menor.

Não demora muito e só podemos contemplar um pequeno ponto branco na linha remota e indecisa, onde o mar e o céu se encontram.

Quem observa o veleiro sumir na linha do horizonte, certamente exclamará: "já se foi". Terá sumido? Evaporado? Não, certamente. Apenas o perdemos de vista. O barco continua do mesmo tamanho e com a mesma capacidade que tinha quando

---
[77] Parábola contada pelo rabino Henry Sobel, por ocasião da morte de um governador paulista. **Partida e Chegada**. Disponível em: <http://www.grupocasulo.org/>. Acesso em: 21 set. 2017.

estava próximo de nós. Continua tão capaz quanto antes de levar ao porto de destino as cargas recebidas. O veleiro não evaporou, apenas não o podemos mais ver.

Mas ele continua o mesmo. E talvez, no exato instante em que alguém diz: "já se foi", haverá outras vozes, mais além, a afirmar: "lá vem o veleiro" !!!

Assim é a morte.

Quando o veleiro parte, levando a preciosa carga de um amor que nos foi caro, e o vemos sumir na linha que separa o visível do invisível dizemos: "já se foi".

O ser que amamos continua o mesmo, suas conquistas persistem dentro do mistério divino.

Nada se perde, a não ser o corpo físico de que não mais necessita. E é assim que, no mesmo instante em que dizemos: "já se foi", no além, outro alguém dirá: "já está chegando". Chegou ao destino levando consigo as aquisições feitas durante a vida.

Na vida, cada um leva sua carga de vícios e virtudes, de afetos e desafetos, até que se resolva por desfazer-se do que julgar desnecessário.

A vida é feita de partidas e chegadas.

De idas e vindas. Assim, **o que para uns parece ser a partida, para outros é a chegada.**

Assim, um dia, todos nós partimos.

Como seres imortais que somos todos nós ao encontro daquele que nos criou.

6

CONSIDERAÇÕES FINAIS

A dor do luto é tão intensa que chega a encapsular a pessoa enlutada. Isso acontece quando o indivíduo não consegue elaborar seu luto dentro do seu percurso saudável. A pessoa é encapsulada:

- Pelo sentimento forte da perda;
- Pela dor arrasadora do luto;
- Pelo vazio deixado pela pessoa amada;
- Pela ferida aberta que sangra ininterruptamente;
- Pelo vazio existencial, por achar que a partir daquele momento nada mais terá sentido.

De maneira metafórica, podemos dizer que, para sair desse sentimento de encapsulamento, precisará de um oportuno mecanismo – a exemplo da cápsula Fênix *2* que resgatou e trouxe à superfície da terra os 33 mineiros chilenos soterrados da mina (agosto/*2010*).

Portanto, aos enlutados também se faz necessário analogicamente utilizar-se dessa cápsula para serem resgatados e para que ela os transporte para a superfície da vida.

No entanto há uma fundamental diferença entre a cápsula Fênix *2*, que resgatou os mineiros, e a cápsula, instrumento indispensável para efetivar o resgate dos enlutados.

A primeira foi projetada, idealizada, construída por pessoas do mundo externo dos soterrados, enquanto que na segunda todos os artifícios fundamentais para sua construção advêm não do mundo exterior, mas do próprio mundo interior, das próprias forças dos enlutados, e de um significativo esforço daqueles que foram soterrados não por uma avalanche de terra, mas pela avalanche da perda de alguém que tanto amavam.

A angústia, a ansiedade, a dor e o desespero daqueles que estavam soterrados na mina eram compartilhados por todos aqueles que no mundo exterior tinham algum vínculo; já no caso dos enlutados, essa dor, essa angústia, esses sentimentos são sentidos exclusivamente de uma maneira unilateral, não podendo ser compartilhados, apenas partilhados, pois aqueles que submergiram o fizeram para sempre.

Ao serem todos resgatados, possibilitaram uma nova dinâmica à sua própria vida juntamente ao conjunto da família. Assim também serão aqueles que, embora encapsulado pelo luto, são resgatados e emergidos para uma vida nova – por meio da cápsula da elaboração – e serão pessoas capazes de continuar a traçar as rotas e os caminhos do percurso existencial.

Essa cápsula do resgate, construída pelo próprio enlutado, é constituída de alguns elementos:

- Desejo de viver;
- Determinação de continuar o respiro existencial;
- Abrir-se ao convívio social;
- O poder da resiliência, sem esta o enlutado desiste de trilhar o percurso existencial.

Ao falarmos de resiliência, parece-nos oportuna a abordagem feita por Leonardo Boff:

> O termo possui sua origem na metalurgia e na medicina. Em metalurgia resiliência é a qualidade dos metais reco-

brarem, sem deformação, seu estado original após sofrerem pesadas pressões. Em medicina do ramo da osteologia é a capacidade dos ossos crescerem corretamente após sofrerem grave fratura. A partir destes campos, o conceito migrou para outras áreas como para a educação, a psicologia, a pedagogia, a ecologia, o gerenciamento de empresas, numa palavra, para todos os fenômenos vivos que implicam flutuações, adaptações, crises e superação de fracassos ou de estresse. Resiliência comporta dois componentes: resistência face às adversidades, capacidade de manter-se inteiro quando submetido a grandes exigências e pressões e em seguida é a capacidade de dar a volta por cima, aprender das derrotas e reconstituir-se.[78]

À luz de tudo isso, surge uma pergunta fundamental: como os soterrados – na mina chilena – sobreviveram até a chegada do resgate? Obviamente, toda e qualquer resposta que se possa dar beira sempre o simplório. No entanto não podemos esquivar-nos de pontuar algumas questões que acreditamos possuir sua relevância:

- Exercitando-se;
- Planejando;
- Partilhando;
- Unindo-se em torno de um único objetivo mais sublime: a própria vida;
- Alimentando-se de uma força interior, que muitas vezes não se consegue explicar racionalmente, nem demonstrar pelos métodos da ciência, porém jamais se pode refutá-la, contestá-la ou negar a sua existência;
- Tendo resiliência.

---

[78] BOFF, L. **Resiliência e o drama ecológico**. Disponível em: <http://www.leonardoboff.com.br>. Acesso em: 28 fev. 2016.

Aqueles que estão encapsulados vivem em um mundo de extrema escuridão, semelhante à escuridão vivida pelos soterrados, com um agravante: enquanto os soterrados desejavam profundamente escalar sua saída, os encapsulados estão inertes e não cogitam tal possibilidade. No entanto os passos para emergirem a superfície da vida são similares aos soterrados chilenos.

Diríamos que a Orientação Familiar no processo de luto muito se assemelha à função da cápsula Fênix. Assim como esta teve como principal missão trazer à superfície da terra aqueles desesperados mineiros, a Orientação Familiar deve contribuir para emergir a superfície da vida aqueles que foram soterrados pela dor do luto. Fazer emergir dos escombros da vida para a dinâmica da existência, possibilitando cada um a satisfação de continuar o curso existencial e voltar a ter a alegria de ver a luz do sol; porém, jamais esquecerão a angustiante experiência e jamais serão os mesmos.

Portanto, após essa frutífera trilha percorrida, ficou-me a certeza de que preciso continuar desbravando esse universo complexo e desafiador das famílias enlutadas.

Diante da morte, até mesmo o "maior" de todos os eruditos demonstra a sua fragilidade, e a sua áurea torna-se vulnerável. A morte traz consigo, além da dor psíquica que fica em cada pessoa ligada afetivamente ao que deu o último suspiro da existência, insegurança, medo e confusão. Foi possível perceber de uma maneira bastante enfática que tudo que nos é desconhecido e foge do nosso controle nos causa pavor. Estou convencido de que foi exatamente isso que mais percebi no atendimento a cada família angustiada que apareceu no IML/Cemitério para fazer o procedimento de reconhecimento de seu ente querido.

De fato, como foi possível perceber o quanto o problema da finitude humana constitui um grande gerador de angústia, medo, temor, "crises" ao ser humano:

- Apresenta um imensurável sofrimento emocional;
- Fadiga por não ter conseguido se despedir;
- Sentimento de remorso, por não ter pedido perdão por um conflito ocorrido;
- Vergonha e raiva em alguns enlutados, manifestados através de um esforço para que a verdade – causa da morte – não fosse revelada;
- Irritabilidade, expressa nas tentativas de ocultar as razões da morte e a vida pregressa do ente querido;
- Desenvolvimento de sentimentos ambivalentes e de incertezas.

Portanto essa experiência foi um grande laboratório de humanização. Por isso, precisa ser continuada.

REFERÊNCIAS BIBLIOGRÁFICAS

ARIÈS, P. **História da morte no Ocidente**. Rio de Janeiro: Ediouro, 2001.

_____. **O Homem Perante a morte I e II**. Lisboa: Publicação Europa-America, 2000.

BECKER, E. **A negação da morte**. Rio de Janeiro: Record, 2010.

BERMEJO, J. C. **Estou de Luto:** Reconhecer a dor para recuperar a esperança. São Paulo: Paulinas, 2008.

BLANK, R. J. **Consolo para quem está de luto**. São Paulo: Paulinas, 2001.

BOFF, L. **Resiliência e o drama ecológico**. Disponível em: <http://www.leonardoboff.com.br>. Acesso em: 28 fev. 2011.

BOWLBY, J. **Apego e Perda**. v. 3 (Perda: tristeza e depressão). São Paulo: Martins Fontes, 1984.

_____. **Formação e Rompimento dos Laços Afetivos**. São Paulo: Martins Fontes, 1997.

BRIGHETO, A. C., INCONTRI, D. A Religiosidade Humana, a Educação e a Morte. In: SANTOS Franklin. S.; INCONTRI, Dora (Org.). **A arte de morrer:** visões plurais. v. 1. Bragança Paulista: Comenius, 2009.

CARTER, B.; MCGOLDRICK, M. **As mudanças no ciclo de vida familiar:** uma estrutura para a terapia familiar. Tradução de Maria Adriana Veríssimo Veronese. 2. ed. Porto Alegre: Artes Médicas, 1995.

CASTRO, C. M. O livro dos porquês. **Revista Veja**, n. 2.181, p. 24, set. 2010.

DALGALARRONDO, P. **Psicopatologia e Semiologia dos transtornos mentais**. 2. ed. Porto Alegre: Artmed, 2008.

D'ASSUMPÇÃO, E. A. **Biotanatologia e Bioética**. São Paulo: Paulinas, 2005.

_____. **Grupo de Suporte ao Luto**. São Paulo: Paulinas, 2003.

D' ASSUMPÇÃO, E. A. et. al. **Morte e Suicídio**. Petrópolis: Vozes, 1984.

FREITAS, N. K. **Luto materno e psicoterapia breve**. São Paulo: Summus Editorial, 2000.

FREUD, S. [1915]. **Escritos Guerra e Morte**. Obras Completas. v. 14, Ed Standart, 1996.

_____. [1917]. **Luto e Melancolia**. Obras Completas. v. 16. Ed. Standard, 1996.

HAIDEGGER. M. **Ser e Tempo**. Tradução de Marcia Sá Cavalcante Schuback. Petrópolis: Vozes, 2005.

KIERKEGAARD, S. **O desespero humano**. Tradução de Carlos Grifo, Maria Jose Marinho e Adolfo Casais Monteiro. São Paulo: Abril Cultural, 1979. (Col. Os Pensadores).

KOVÁCS, M. J. **Morte de Desenvolvimento Humano**. São Paulo: Casa do Psicólogo, 1992.

KÜBLER-ROSS, E. **Sobre a morte e o morrer**. São Paulo: Martins Fontes, 1994.

LEWIS, C. S. **A anatomia de uma dor**. São Paulo: Vida, 2007.

_____. **O problema do sofrimento**. São Paulo: Vida, 2006.

LUCCHETTI, G., LUCCHETTI, Alessandra L.G. Luto e Espiritualidade. In: SANTOS, Franklin Santana; SCHLIEMAN, Ana Laura; SOLANO, João Paulo Consentino (Org.). **Tratado Brasileiro sobre perdas e luto**. São Paulo: Atheneu, 2014.

MARKHAM, U. **Luto esclarecendo suas dúvidas**. São Paulo: Ágora, 2000.

OLIVEIRA, M; CALLIA, M. H. (Org.). **Reflexões sobre a morte no Brasil**. São Paulo: Paulinas, 2005.

PARKES, C. M. **Luto:** estudos sobre a perda na vida adulta. Tradução de Maria Helena Franco. São Paulo: Summus Editorial, 1998.

PINCUS, L. **A família e a morte: como enfrentar o luto?** Rio de Janeiro: Paz e Terra, 1989.

SANTOS, F. S. Tanatologia – A Ciência da Educação para a Vida In: SANTOS, Franklin Santana (Org.). **A arte de morrer** – visões plurais: v. 2. Bragança Paulista: Comenius, 2009.

_____. Perspectiva Histórico-Culturais da Morte. In: SANTOS, Franklin. S.; INCONTRI, Dora (Org). **A arte de morrer:** visões plurais. v. 1. Bragança Paulista: Comenius, 2009. p. 14.

_____. Luto e Saúde Física. In: SANTOS, Franklin Santana; SCHLIEMAN, Ana Laura; SOLANO, João Paulo Consentino (Org.). **Tratado Brasileiro sobre perdas e luto**. São Paulo: Atheneu, 2014.

SANTOS, S. R. B.. A teoria do Apego e do Luto. In: SANTOS, Franklin Santana; SCHLIEMAN, Ana Laura; SOLANO, João Paulo Consentino (Org.). **Tratado Brasileiro sobre perdas e luto**. São Paulo: Atheneu, 2014.

SAPORETI, L. A. Espiritualidade em Cuidados Paliativos. In: SANTOS, Franklin Santana (Org). **A arte de morrer** – visões plurais: volume 2. Bragança Paulista: Comenius, 2009.

SOLANO, João Paulo Consentino. Modelos de Luto "Normal". In: SANTOS, Franklin Santana; SCHLIEMAN, Ana Laura; SOLANO, João Paulo Consentino (Org.). **Tratado Brasileiro sobre perdas e luto**. São Paulo: Atheneu, 2014.

_____. Luto e Saúde Mental. In: SANTOS, Franklin Santana; SCHLIEMAN, Ana Laura; SOLANO, João Paulo Consentino (Org.). **Tratado Brasileiro sobre perdas e luto**. São Paulo: Atheneu, 2014.

WALTON, C. **Doze faces do luto**. São Paulo: Paulus, 2001.

WORDEN, J. W. **Terapia do Luto**. 2. ed. Porto Alegre: Artes Médicas, 1998.

SITES CONSULTADOS

A outra janela. Disponível em: <http://metaforas.com.br/a-outra-janela>. Acesso em: 21 ago. 2017.

AGOSTINHO, S. A Morte não é nada. Disponível em: <http://www.pensador.com/textos_de_santo_agostinho/>. Acesso em: 24 jun. 2017.

Amor sem ilusão. Disponível em: < http://metaforas.com.br/amor-sem-ilusao>. Acesso em: 19 ago. 2017.

BOFF, Leonardo. Resiliência e o drama ecológico. Disponível em: <http://www.leonardoboff.com.br>. Acesso em: 28 fev. 2016.

HUGO, Victor. Invisíveis, mas não ausentes. Disponível em: <http://www.grupocasulo.org/textos.htm>. Acesso em: 23 maio 2017.

Não Espere. Disponível em: < http://metaforas.com.br/nao-espere >. Acesso em: 25 maio 2017.

O monge e o anjo da morte. Disponível em:< http://metaforas.com.br/o-monge-e-o-anjo-da-morte>. Acesso em: 10 maio 2017.

Os três últimos desejos de Alexandre, o Grande. Disponível em: <http://metaforas.com.br/os-tres-ultimos-desejos-de-alexandre-o-grande>. Acesso em: 19 ago. 2017.

Partida e Chegada. Disponível em: < http://www.grupocasulo.org/>. Acesso em: 21 set. 2017.

PLATÃO. Apologia de Sócrates. Disponível em: <http://www.revistaliteraria.com.br/plataoapologia.pdf>. Acesso em: 20 dez. 2016.